北京语言大学对外汉语教材研发中心规划项目

对外汉语长期进修教材

U0956349

第5级

10 LEVEL CHINESE 拾级汉语

主编：陶炼　高顺全　吴中伟　　　编著：顾颖

听力课本
Listening Textbook

练习与活动 *Exercises and Activities*

北京语言大学出版社
BEIJING LANGUAGE AND CULTURE UNIVERSITY PRESS

图书在版编目（CIP）数据

拾级汉语. 第5级. 听力课本 / 顾颖编著. — 北京：
北京语言大学出版社，2012.12（2018.4重印）
ISBN 978-7-5619-3446-3

Ⅰ. ①拾… Ⅱ. ①顾… Ⅲ. ①汉语—听说教学—对外
汉语教学—教材 Ⅳ. ①H195.4

中国版本图书馆 CIP 数据核字（2013）第 007964 号

书　　名：拾级汉语·第 5 级·听力课本
SHIJI HANYU · DI WU JI · TINGLI KEBEN
中文编辑：王亚莉　史　健
英文编辑：侯晓娟
封面设计：张　娜
责任印制：周　燚

出版发行：北京语言大学出版社
社　　址：北京市海淀区学院路 15 号　**邮政编码**：100083
网　　址：www.blcup.com
电　　话：发行部　82303650 / 3591 / 3648
编辑部　82303647 / 3592 / 3395
读者服务部　82303653
网上订购电话　82303908
客户服务信箱　service@blcup.com
印　　刷：北京京华虎彩印刷有限公司
经　　销：全国新华书店

版　　次：2013 年 2 月第 1 版　　2018 年 4 月第 3 次印刷
开　　本：787 毫米 × 1092 毫米　1/16
印　　张：练习与活动 7.25 / 文本与参考答案 8.75
字　　数：231 千字
书　　号：ISBN 978-7-5619-3446-3 / H · 12236
定　　价：62.00 元

编写说明

本套系列教材可供各国来华学习汉语的长期进修生使用，也可供其他类型的学习者选择使用。旨在发展学习者听、说、读、写各项语言技能，培养汉语语言能力和汉语交际能力。学习者也可选择系列中的一部分，用于提高某一方面的语言技能。

对长期进修学生的汉语教学有其显著的特点。他们学习汉语半年或半年以上，初、中、高水平不等，在汉语基础、技能发展、学习期限、学习目标等方面呈现出极大的差异性和多样性。不同母语背景的学生一般混合编班教学，每周20课时左右。面对上述特点，我们在教学设计上需要有更多的灵活性，在教材结构上需要有更强的针对性，在教学容量上需要有更大的弹性。

国家汉办《高等学校外国留学生汉语教学大纲·长期进修》在“教材编写与选用”中提出：“各有关教学单位应根据长期进修教学的特点，编写、选用适用于不同等级的、小循环的教材。每册书的教学周期不宜超过一个学期（初、中等的两级，高等的一级），一级一册更为适宜。”本教材系列正是一套以《高等学校外国留学生汉语教学大纲·长期进修》为依据进行总体结构设计的“适宜教材”。

本套系列教材的最大特点在于：**细化层级，逐层递进。**

“细化层级，逐层递进”，是我们在长期教学实践中形成的一种有效的教学模式。根据长期进修教学的特点，我们认为，长期进修教学宜以教学级次而不是年级来划分，教学级次就好像是一层层阶梯，学习者通过分班考试，根据汉语水平，对应不同级次，编入相应班级，从而各得其所，拾级而上。根据《高等学校外国留学生汉语教学大纲·长期进修》，我们把级次分为：初等4级，中等4级，高等2级，共10级。其中初中等分得比较细，各分4个级次，每级大约需要8周左右（第一级前两周为“起步”阶段），一个学期可完成两级。高等分两个级次，每级大约需要16周左右（一个学期）。在教材设计上，按级分册（另加“起步”一册），分别配置相应的听、说、读、写课本，从而构成本套纵横配套的教材系列。学完《拾级汉语》全部分册，学习者大致可达到“汉语水平考试”高级水平。

此外，本教材系列还具有以下特点：

一、多重循环，逐步深化。

每册教材在内容上具有相对的完整性，各册教材在语言项目上的联系不是靠简单的承接，而是靠螺旋式的小循环来实现。这样，学习者可以根据自己的水平，在不同的级次上进入本教材的学习序列。

二、纵横配套，相辅相成。

1. 兼顾系统性和实用性。一方面要循序渐进，另一方面要急用先学，综合课、读写课系列侧重于系统性，听说课、泛读课系列侧重于实用性。

2. 课型随教学阶段的变化而变化，在初级阶段以综合为主，中级阶段加强技能训练的针对性，高级阶段适当考虑语言能力的专门化。

3. 区分语体风格。各课型在语体特色和语体教学上各有侧重，相互配合。

4. 词汇教学由各门课共同承担，实现总词汇量的分流。

三、简明实用，发展创新。

1. 注意教学安排的可操作性，板块处理的简明性，版面设计的人性化。

2. 重视课文内容的趣味性、真实性，强调语言教学的交际性、实用性。

3. 吸收汉语本体研究成果、汉语学习规律和汉语教学规律的研究成果。重视语汇教学、汉字教学，吸收任务型教学法的特点。

本套系列教材共45本，其总体结构基于以下课程设计。谨列表如下，供使用者参考：

课型 / 课程 / 级次				听说					读			写		周课时
		起步	综合	听说	听力	新闻听力	口语	社会焦点	精读	泛读	报刊阅读	写字	写作	
初	零	20												20
	一		12	6								2		
	二		12	6								2		
	三		10		4		4			2			2	
	四		10		4		4			2			2	
中	五				4		4		8	2			2	20
	六				4		4		8	2			2	
	七				4		4		8	2			2	
	八				4		4		8	2			2	
高	九					2		4	6		2			14
	十					2		4	6		2			

各级次的周课时一般为20课时。第3、4级次的“泛读”教材，可以作为读写课的课外阅读材料，不单独设课。本表中第9、10级次的周课时为14课时，可辅以一定量的选修课，这里不列。

本系列教材的总体设计和编写工作由三位主编合作主持，各有侧重，大致分工如下：

吴中伟：负责“起步”、第1级至第4级的“综合”课本、第3级、第4级的“泛读”课本、所有的“写字”、“写作”课本。

高顺全：负责第5级至第10级的“精读”、“泛读”课本，以及“新闻听力”、“社会焦点”和“报刊阅读”课本。

陶　炼：负责所有的“听说”课本、“听力”课本和“口语”课本。

从长期进修教学的特点出发，本套教材各册之间既相互衔接配套，又有相对的独立性，因此，使用者既可以采用整套教材，也可以根据各自的不同情况，选用其中的一部分。《拾级汉语》系列教材在出版前大多已在复旦大学国际文化交流学院试用过，但是肯定还会存在不足、疏漏之处，请各位同行批评指正！

编　者

本册使用说明

您现在看到的是我们为来华留学生编写的汉语长期进修系列教材《拾级汉语》第5级听力课本。本教材适合与《拾级汉语》第5级其他课程课本配套使用，也可供相当水平的汉语学习者在其他情况下使用。

本教材包括练习与活动、文本与参考答案两部分。共8课，每课包括6篇听力操练文本，每篇听力操练文本包括课文、词语和用例、导听、练习四项内容。分别说明如次：

一、课文。课文语体样式以语篇为主，大多是叙述性语篇，即故事，也有少量说明性、议论性语篇，还有心理测试类短文。每篇文章的长度控制在500~600字。

二、词语和用例。生词的确定，原则上但凡《高等学校外国留学生汉语教学大纲（长期进修）》所附词汇表中的初等阶段词汇（包括最常用和次常用两个部分）都不标作生词，除此以外的其他词语，一概作为生词列出；其中凡是已经在《拾级汉语》第5级精读课本和口语课本相同课次之前出现的生词，均作为“复现词语”标出，以方便配套使用《拾级汉语》精读课本、口语课本的老师和学生。“复现词语”的标出方式为“生词+课型拼音首字母+级别+课次”。比如复现词语“砸ky501”，表示“砸”出现于第5级口语课本第1课。除去“复现词语”，每篇课文的平均生词一般不超过5个，每课课文的生词总量控制在30个左右。生词部分列出拼音、词性和英文翻译或解释；有多个义项的生词，则主要列出在课文中出现的义项；其中部分词语还列出了用例。

三、导听。导听环节安排在听课文完成练习之前，以听力输入的方式呈现，简单提示课文的主题，以帮助学生总体把握课文话题，推断具体内容。教师在学生听完导听部分内容后，可以适当地引导学生对即将听到的话题进行猜测与联想。

四、练习。依据不同的操练目的，本册练习大体可以划分为以下四类：第一类主要关注课文的主旨与线索，如听课文回答问题、根据课文信息联系自身实际回答问题、连线等；第二类更多关注故事情节的展开与细节，如选择题、判断题、填表和排序等；第三类是相关语言点的操练，如跟读、听写等；第四类是半自由和自由表达，主要是复述与讨论。

《拾级汉语》第5级听力课本，以提供可懂输入为出发点，注重于帮助学生全面理解和把握课文内容，引导学生关注相关语言表达形式，激发学生独立思考与自主表达相关话题，因而在课堂教学过程中，教学的重点是帮助学生理解、引导学生关注、激励学生思考、鼓励学生表达，做对课后练习并不是唯一的、更不是首要的目标。"导听"环节和练习中的"回答问题"都是为了帮助学生在整体上把握课文内容而设置的，而"选择"、"判断"等项练习则是在此基础上的进一步拓展深化。所以在完成这两部分练习的时候，可以让学生先看一下题目，带着问题去听，以便提高听力理解的效率，为接下来做好后两部分练习提供充分的铺垫。

本教材每课课文的主题与《拾级汉语》第5级精读课本相同课次的主题相同，但视角与观点不尽相同。这样安排，一方面意在向学生提供相关主题的更为丰富的语言输入和文化输入，拓展学生的语言能力和文化认知；另一方面也便于学生融汇不同课程的学习内容，糅合不同的语言表达和文化信息，打破不同技能课程之间的隔阂。

本教材在编写过程中，曾在复旦大学国际文化交流学院进行多轮试用，听取了许多师生的意见和建议，特别是黄建民、吴金利、张志方、厉坚诸位，谨此表示深切的谢意。

囿于编者的学养，容或在观念上还有滞后之处，本教材在具体编排上也难尽脱窠臼，错漏之处亦或不免，但编者确已用心为之。我们恳切希望使用此教材的老师与学生提出宝贵意见，以便我们有机会时更正提高。

编　者

2012年冬

Contents

目录

Contents

Contents

睡　眠

1 LESSON ONE

1 有趣的闹钟

词语和用例

1-1-1

1. 轮子	lúnzi	名	wheel
自行车轮子　汽车轮子			
2. 玩具	wánjù	名	toy
孩子们喜欢玩儿玩具　一辆玩具小汽车			
3. 方向	fāngxiàng	名	direction
东、西、南、北四个方向			
4. 直升飞机	zhíshēng fēijī		helicopter
坐直升飞机　开直升飞机			
5. 拼图	pīntú	名	jigsaw puzzle, puzzle block
拼图游戏			
6. 按钮	ànniǔ	名	button
电视机的开关按钮　闹钟上的按钮			
7. 按	àn	动	press
按下按钮　按一下开关			

复现词语

闹钟 jd501　　砸 ky501

练　习

一、听课文，判断下面的图片分别是课文中介绍的第几种闹钟。 1-1-3

1. 

（第　种）

2. 

（第　种）

3. 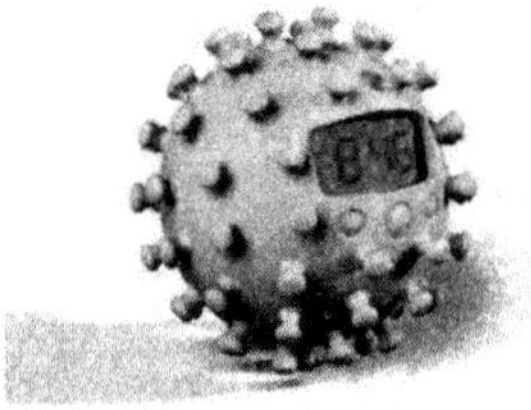

（第　种）

4. 

（第　种）

二、听课文，回答问题。 1-1-3

1. 怎么样才可以关掉第一种闹钟？
2. 怎么样才可以关掉第二种闹钟？
3. 怎么样才可以关掉第三种闹钟？
4. 怎么样才可以关掉第四种闹钟？

三、再听一遍课文，选择正确的答案。 1-1-4

（　　）1. 关于第一种闹钟，下面哪一个是正确的？

A. 闹钟一响，就会像小汽车一样开起来

B. 闹钟一响，就会从桌子上跳到地上

C. 你一伸手去关闹钟，闹钟就会在桌子上开起来

D. 闹钟能自动改变方向，最后常常开到床下

(　　) 2. 关于第二种闹钟，下面哪一个是正确的？

A. 如果不关掉，它会在房间里走来走去

B. 如果不关掉，它会掉到床上

C. 如果不关掉，它会飞到房间外面去

D. 如果不关掉，它会掉到你的头上

(　　) 3. 关于第三种闹钟，下面哪一个是正确的？

A. 闹钟一响，它就会跳起来

B. 闹钟一响，它就会从桌子上掉到地上

C. 闹钟一响，闹钟上的拼图就会跳起来

D. 闹钟一响，你就应该玩儿拼图

(　　) 4. 关于第四种闹钟，下面哪一个是正确的？

A. 只有两个按钮是有用的

B. 每一次最多可以按下两个按钮

C. 每一次有用的按钮都不一样

D. 你要记住上次按的是哪个按钮

四、听句子，完成填空。 1-1-5

1. 闹钟响起来的同时，轮子也动起来，闹钟就像一辆玩具小汽车一样________________。

2. 它的样子很像直升飞机，时间一到，它就会飞起来，飞得又快又灵活，____________________。

3. 你要把它们一块块捡起来，________________，装在闹钟的上面，才能把闹钟关掉。

4. 你每天都要____________________________才能按对。

2 血型与睡眠特点

词语和用例 1-2-1

1. 特点　tèdiǎn　名　characteristic

性格特点　睡眠特点

2. 血型　xuèxíng　名　blood type

人的血型主要分四种：O 型、A 型、B 型和 AB 型。

3. 打雷　dǎ léi　动　thunder

夏天的午后常常打雷下雨。

复现词语

睡眠　jd501　　不足　jd501

练　习

一、听课文，把下面的几种血型和这种血型的睡眠特点连接起来。1-2-3

O 型	在哪儿都能睡着，而且睡得很香
A 型	多半睡眠不足
B 型	睡眠质量非常高
AB 型	睡眠很浅

二、听课文，记录各种血型的人的睡眠习惯有哪些具体表现。1-2-3

O 型：____。

A 型：____。

B型：____。

AB型：____。

三、再听一遍课文，判断下面几个人可能是什么血型？ 1-2-4

（　　）1. 旁边有人翻书就会醒来。

（　　）2. 很晚才睡，刚睡着就被朋友的电话吵醒了，然后就再也睡不着了。

（　　）3. 为了工作好几个晚上没好好睡觉，工作一结束，他连续睡了两天两夜。

（　　）4. 如果不是特别困就不肯睡觉。

（　　）5. 考试考得很差，心情不好。但到了晚上还是睡得很好。

（　　）6. 在公共汽车上、火车上、飞机上、朋友家或饭店里都能睡着。

（　　）7. 晚上总是睡不好，所以白天总是很困，在哪儿都能睡着。

（　　）8. 晚上下了大雷雨也一点儿都不知道。

3 小李的“周末两觉”

词语和用例 1-3-1

1. 加班　　jiā bān　　动　　work overtime

工作多得做不完，只好周末去公司加班。

2. 除非　　chúfēi　　连　　unless

除非他亲自来请我，否则我是不会去的。

3. 雷打不动　　léi dǎ bú dòng　　not to be altered under any circumstances

爷爷每天早上锻炼一个小时身体，雷打不动。

4. 补觉　　bǔ jiào　　　catch up on some sleep

昨天晚上一夜没睡，今天下午我要好好儿补一觉。

5. 疲劳　　píláo　　形、名　tired; tiredness

感到疲劳　恢复疲劳

6. 挣　　zhèng　　动　earn

挣钱　挣了很多钱

练　习

一、听课文，选择正确的答案。1-3-4

(　　) 1. 关于小李，下面哪一个是正确的？

A. 每天晚上都觉得很累

B. 每到周末就觉得很累

C. 经常陪朋友打球，跟女朋友约会

D. 每天最少睡六到七个小时

(　　) 2. 小李周六上午一般干什么？

A. 只要不打雷，小李就在睡觉

B. 就算打雷，小李也要去加班

C. 如果不需要加班，就是在睡觉

D. 先好好睡一觉，然后陪女朋友

(　　) 3. 小李一般什么时候补他的第二觉？

A. 周六上午

B. 周六下午

C. 周日上午

D. 周末陪女朋友看完电影

(　　) 4. 小李用钱做例子说明他“睡两觉”的道理时，下面哪一个是正确的？

A. 只睡一觉，就像把借别人的钱还掉，自己还是没有钱

B. 只睡一觉，就像只挣了一点儿钱，还不够还钱

C. 睡第二觉，就像挣了很多钱，可以把钱还掉

D. 睡第二觉，就像挣了很多钱，可以借钱给别人

(　　) 5. 如果你很累，小李可能会给你哪种建议？

A. 马上去睡一觉

B. 睡一觉不够，要睡两觉

C. 到周末好好睡一觉

D. 马上睡一觉，到周末再睡一觉

二、听课文，回答问题。 1-3-3

1. 为什么每到周末，小李就累得不行了？
2. 到了周末，小李怎么补他的两觉？
3. 如果周六下午有事没办法补第二觉，他会怎么做？
4. 如果还没补好第二觉就陪女朋友去玩儿，小李会怎么样？

三、听句子，并跟读。 1-3-5

4 关于睡眠的知识

词语和用例 1-4-1

1. 无聊　　wúliáo　　形　　bored

周末一直下雨，我哪儿也去不了，只好待在房间里，真无聊。

2. 打呼噜　　dǎ hūlu　　snore

爸爸一睡着就会打呼噜，吵得别人没法睡觉。

3. 心脏病　　xīnzàngbìng　　名　　heart disease

那位老人因为太生气，突然得了心脏病。

复现词语

大脑　ky501　　失眠　ky501

练　习

一、听第一部分课文，根据你自己的理解，判断这些关于睡眠的看法是对还是错。1-4-3

1. ________ 2. ________ 3. ________ 4. ________ 5. ________

6. ________ 7. ________ 8. ________ 9. ________ 10. ________

二、听第二部分课文，记录对这十个看法的对错判断和判断的理由。1-4-4

1. ____。

2. ____。

3. ____。

4. ____。

5. ____。

6. ____。

7. ____。

8. ____。

9. ____。

10. ____。

三、听第二部分课文，并跟读。1-4-4

5 "碎片"睡眠

词语和用例 1-5-1

1. 碎片 suìpiàn 名 fragment

瓶子打破了，地上都是玻璃碎片。

报纸被撕成了碎片。

2. 网 wǎng 名 (the) Internet

她每天在网上跟朋友聊天。

3. 相差 xiāng chà 动 differ

我和他的生日就相差一天。

4. 达·芬奇 Dá · Fēnqí 专 Leonardo da Vinci

5. 意大利 Yìdàlì 专 Italy

6. 画家 huàjiā 名 artist, painter

一位画家

复现词语

打盹儿 jd501

上网 jd501

练　习

一、听课文，选择正确的答案。1-5-4

(　　) 1. 关于“碎片睡眠”的人，下面哪一个是正确的？

A. 喜欢打盹儿

B. 睡眠时间有规律

C. 睡眠时间不连续

D. 晚上经常醒来

(　　) 2. 关于小美，下面哪一个是正确的？

A. 她在椅子上工作、上网、看书，在床上睡觉

B. 她在椅子上打盹儿，在床上工作、上网、看书

C. 她家的椅子比床更舒服

D. 她很快就要结婚了

(　　) 3. 关于小琪，下面哪一个是正确的？

A. 她有很多朋友和爱好

B. 她忘了上网的时间

C. 她上完网才去睡觉

D. 她睡觉醒来接着上网

(　　) 4. 关于小明，下面哪一个是正确的？

A. 他认识达·芬奇

B. 他睡觉前定五个闹钟

C. 他也想每天睡 90 分钟

D. 他觉得自己睡得太多了

二、听课文，回答问题。1-5-3

1.“碎片”睡眠的特点是什么？

2. 小美为什么要“碎片”睡眠？

3. 小琪为什么要“碎片”睡眠？

4. 小明为什么要“碎片”睡眠？

6 动物是怎么睡觉的

词语和用例 1-6-1

1. 长颈鹿　chángjǐnglù　名　giraffe
2. 刺猬　cìwei　名　hedgehog
3. 刺　cì　名　thorn, spine

   刺猬的身上长满了刺。
4. 蝙蝠　biānfú　名　bat
5. 猫头鹰　māotóuyīng　名　owl
6. 海豚　hǎitún　名　dolphin

练　习

一、听课文，把动物与它们睡觉的样子用线连起来。 1-6-3

长颈鹿	倒挂在石头上睡
刺猬	在水下躺着睡
蝙蝠	一只眼睛睁着，一只眼睛闭着睡
猫头鹰	半跪半坐着睡
海豚	睡觉时每过一段时间会把头伸出水面呼吸
鱼儿	把身体卷起来睡

二、听课文，判断对错。 1-6-4

(　　) 1. 长颈鹿睡觉的时候，耳朵听不到周围的声音。

(　　) 2. 刺猬睡觉的时候，没有人敢去碰它。

(　　) 3. 蝙蝠遇到危险会从石头上掉下来，来不及飞走。

(　　) 4. 猫头鹰白天睡觉，晚上活动。

(　　) 5. 海豚不会完全睡熟，左脑和右脑换着休息。

(　　) 6. 海豚睡觉时也在水里游着，不过游得比较慢。

(　　) 7. 鱼儿们都是天黑后就睡觉。

(　　) 8. 有的鱼每天总有一段时间很安静，那就是在睡觉。

颜 色

2 LESSON TWO

1 生活中的颜色

词语和用例 2-1-1

1. 空间　kōngjiān　名　space

这个房间挺大的，但家具太多，感觉空间很小。

2. 胃口　wèikǒu　名　appetite

他今天胃口很好，吃得很多。

他病了，没有胃口。

3. 冷清　lěngqing　形　desolate, lonely

宿舍里一个人也没有，感觉很冷清。

复现词语

放松　ky501　　发脾气　jd501

练 习

一、听课文，连线。2-1-3

红色	让人感到干净
黄色	让人感到兴奋
绿色	让人感到愉快
蓝色	让人的眼睛放松
白色	让人感到冷清

二、听课文，判断对错。2-1-4

(　　) 1. 在红色的环境中，人会不想吃东西。

(　　) 2. 如果房间的墙全是红色，人会感到非常暖和。

(　　) 3. 在黄色的环境中，人不能集中注意力。

(　　) 4. 餐厅里适合用黄色。

(　　) 5. 绿色对失眠的人有用。

(　　) 6. 绿色的风景对眼睛很好。

(　　) 7. 长时间在蓝色的环境中，人会比较想吃东西。

(　　) 8. 胖的人不适合穿白色的衣服。

(　　) 9. 白色的家具使房间看起来比较大。

(　　) 10. 在白色的环境中，人比较容易激动。

三、小王最近遇到一些问题，请你根据课文内容给他一些建议，并说明理由。

1. 小王最近常常失眠。
2. 小王的新家房间比较小，但他想买的家具却不少。
3. 小王的眼睛越来越差，看远的东西没有以前清楚了。
4. 小王最近胃口不太好。
5. 小王学习时不能集中精神。

2 和颜色有关的两个故事

词语和用例 2-2-1

1. 发霉　　fā méi　　动　　go mouldy, become mildewed

   面包放了一个星期，已经发霉了。

2. 白炽灯　　báichìdēng　　名　　incandescent light

3. 自杀　　zìshā　　动　　commit suicide

   他觉得生活太没意思，跳楼自杀了。

   他觉得压力太大，不知道应该怎么做，他想到了自杀。

复现词语

吃惊　ky502

练　习

一、听课文，连线。 2-2-3

红色灯光	葡萄酒好像油，客人的脸像死人
蓝色灯光	一切正常
黄色灯光	烤肉好像很好吃，蔬菜成了黑色
白炽灯光	烤肉好像烂了，土豆好像发霉了

二、听课文，用下面的词语复述第二个故事。 2-2-3

英国　　桥　　样子　　自杀　　颜色　　建议　　果然

三、讨论。

1. 你有没有特别讨厌或者喜欢的颜色？在你的生活中，这些颜色会影响你的心情吗？
2. 你有没有听过其他的关于颜色影响心情的故事？给大家讲一讲。

3 哪种颜色的汽车更安全

词语和用例 2-3-1

1. 事故　shìgù　名　accident

路上发生了一起交通事故。

2. 银色　yín sè　silvery

3. 引起　yǐnqǐ　动　cause, arouse, give rise to

鲜艳的颜色容易引起人们的注意。

他故意大声说话，来引起人们的注意。

4. 数量　shùliàng　名　quantity, number

汽车数量

复现词语

鲜艳　ky502

练　习

一、听课文，回答问题。2-3-3

1. 汽车颜色的深浅跟开车安全有什么关系？
2. 一位汽车修理公司的经理认为，开车安全最重要的是什么？

二、听课文，选择正确的答案。2-3-4

(　　) 1. 把不同颜色的车按从安全到不安全的顺序排列，下面哪一种是正确的？
A. 银色、蓝色、白色、黑色
B. 白色、银色、蓝色、黑色
C. 黑色、蓝色、银色、白色
D. 白色、银色、黑色、蓝色

(　　) 2. 黑色车和蓝色车为什么不安全？
A. 它们比较窄
B. 它们比较近
C. 它们跟道路环境颜色很接近
D. 它们更能引起人们的注意

(　　) 3. 红色车为什么不安全？
A. 红色车很容易“跳”出来
B. 红色车很鲜艳
C. 司机长时间看红色，不容易发现浅色的东西
D. 司机长时间看红色，身体感到很累

(　　) 4. 关于那位汽车修理公司的经理，下面哪一项是正确的？
A. 他认为黑色车的事故最多
B. 他开了二十多年的车
C. 他认为车的颜色很重要
D. 他不知道哪种颜色的车容易发生事故

三、听句子，并跟读。 2-3-5

四、讨论。

1. 如果你要买车，你首先考虑什么方面，式样、价格、功能、颜色、牌子？为什么？
2. 在决定买什么颜色的车时，你会考虑这篇课文提到的“浅颜色更安全”的观点吗？为什么？

4 颜色的秘密

词语和用例 2-4-1

1. 富兰克林　Fùlánkèlín　专　Benjamin Franklin
2. 绒布　róngbù　名　flannelette, flannel
3. 反射　fǎnshè　动　reflect
4. 吸收　xīshōu　动　absorb

   不同的颜色反射和吸收阳光的能力也不同。
5. 化　huà　动　melt

   在阳光下，雪化成了水。
6. 煤灰　méihuī　名　coal ash

复现词语

怪不得　jd502

练　习

一、听课文，回答问题。2-4-3

1. 富兰克林是做什么工作的？
2. 富兰克林的试验目的是什么？
3. 富兰克林的试验结果是什么？

二、听课文，选择正确的答案。2-4-4

(　　) 1. 富兰克林的试验是在什么地方做的？
A. 天气好而干净的草地上
B. 天气好而干净的雪地上
C. 天气好而且有煤灰的草地上
D. 天气好而且有煤灰的雪地上

(　　) 2. 富兰克林用什么来做试验？
A. 各种颜色的纸
B. 各种颜色的花儿
C. 各种颜色的绒布
D. 一些煤灰

(　　) 3. 关于富兰克林的试验结果，下面哪一个是正确的？
A. 黑色绒布下的雪化得最慢
B. 蓝色绒布下的雪没有化
C. 白色绒布下的雪化得最慢
D. 不同颜色绒布下的雪化得一样快

(　　) 4. 根据课文，为什么黑色的花不容易活？
A. 因为人们喜欢浅颜色的花
B. 因为深颜色的花比较少
C. 因为黑色花吸收阳光多，会热死
D. 因为黑色花反射阳光多，温度不够

(　　) 5. 根据课文，下面哪一个是正确的？

A. 夏天人们喜欢穿深色的衣服

B. 冬天人们喜欢穿浅色的衣服

C. 南方许多房子的墙是浅色的

D. 北方许多房子的墙是浅色的

(　　) 6. 根据课文，下雪以后人们为什么要在雪地上放煤灰？

A. 因为煤灰比较脏，可以让雪化得快一些

B. 因为煤灰是黑色的，可以让雪化得快一些

C. 因为煤灰是黑色的，可以让人看得清楚一些

D. 因为放了煤灰以后，路上不会太滑，比较安全

三、听句子，并跟读。 2-4-5

四、讨论：不同的颜色吸收和反射光线的能力不同。我们的生活中是怎样利用这个原理的呢？请举例说明。

5 心情的颜色

词语和用例 2-5-1

1. 白惨惨　báicǎncǎn　形　pale white

白惨惨的天　白惨惨的脸

2. 红彤彤　hóngtóngtóng　形　bright red

红彤彤的太阳

他的脸晒得红彤彤的。

3. 天空　　tiānkōng　　名　　sky

4. 灰蒙蒙　　huīméngméng　　形　　dusky, overcast

今天没有太阳，天空灰蒙蒙的。

5. 调色板　　tiáosèbǎn　　名　　palette

彩色的调色板

练　习

一、听课文，回答问题。 2-5-3

1. 早晨，“我”的心情是什么颜色？为什么？
2. 中午，“我”的心情是什么颜色？为什么？
3. 下午，“我”的心情是什么颜色？为什么？

二、听下面一段话，完成填空。 2-5-4

早晨天还没亮，我就被闹钟吵________了。真不想起床啊！我把头________进被子里，让闹钟一直________。好不容易，两分钟过去了，闹钟才________。我想再睡一会儿，可是妈妈来了，她在我耳朵旁边大声地________：“起床啦！六点啦！快点起床！要迟到啦！”她一边叫，一边把被子从我头上________了下来，我只好起床。太痛苦了，每个冬天的早晨，我的心情都像外面的雾一样——白惨惨的！

三、听句子，并跟读。 2-5-5

四、学习下面的颜色表示法。

绿油油的田野　　黑漆漆的夜　　白茫茫的雪地　　黄灿灿的桔子

五、复述课文。

6 小蓝和小黄

词语和用例 2-6-1

认　　rèn　　动　　recognize

他的变化太大了，我都认不出来了。

练　习

一、听课文，回答问题。2-6-3

1. 小蓝和小黄是怎么变成“绿”的？
2. “绿”是怎么变回小蓝和小黄的？

二、听课文，把课文中的小蓝和小黄变成其他任何两种颜色，再讲一遍这个故事。2-6-3

相亲的故事

3 LESSON THREE

1 我的后悔

词语和用例 3-1-1

1. 初中　　chūzhōng　　名　　junior high school

小学毕业后，我上了初中。初中毕业后，我上了高中。

2. 孤单　　gūdān　　形　　lonely

在这个新学校里，她一个朋友也没有，感到很孤单。

3. 自以为　　zì yǐwéi　　in one's own conceit

他自以为很聪明，其实别人都觉得他傻。

有的父母从来不让孩子做家务，自以为是爱孩子，其实是害了孩子。

复现词语

多半　jd501　　去世　jd502　　提　jd502

练　习

一、听课文，回答问题。 3-1-3

1. 课文的题目是“我的后悔”，请问“我”后悔的是什么？
2. 为了妈妈的幸福，现在“我”决定怎么做？

二、听课文，完成表格。3-1-3

发生的事情	我的害怕和担心	我的做法	结果或效果
爸爸去世了			
有人劝妈妈再结婚			

回家的时间	房间里的样子	冰箱里的东西	妈妈的心情
平时周末回家			
有一次星期三有事回家			

三、听句子，完成填空。3-1-4

1. 每天从学校回家后，我就一直跟着妈妈，____________________。
2. 我想各种理由在旁边哭啊闹啊，让那些男人____________________。
3. ______________________，________________，妈妈也太孤单了。

四、根据练习二表格中的信息，复述课文。

2 穷小伙儿相亲

词语和用例 3-2-1

1. 相亲　xiāng qīn　动　have a blind date

   妈妈对我说，如果我自己找不到女朋友，她就要安排我去相亲。

2. 帅　shuài　形　handsome

   他长得很帅。

练习

一、听课文，选择正确的答案。 3-2-4

(　　) 1. 关于小伙子，下面哪一个不正确？

A. 他没有兄弟姐妹

B. 他没有父亲

C. 他有很多优点

D. 他家里很穷

(　　) 2. 关于以前跟小伙子相亲的姑娘们，下面哪一个不正确？

A. 她们相亲时穿得漂漂亮亮的

B. 她们认为小伙子也应该穿得漂漂亮亮的

C. 她们一看到小伙子就没有兴趣了

D. 她们一听到小伙子家的情况就没有兴趣了

(　　) 3. 关于小伙子的母亲，下面哪一个不正确？

A. 她很重视小伙子相亲的事

B. 她给小伙子找到了一个好姑娘

C. 她请人给小伙子借了新衣服和自行车

D. 看到儿子伤心，她也很伤心

(　　) 4. 关于这次跟小伙子相亲的姑娘，下面哪一个不正确？

A. 她早就知道小伙子性格好，干活也好

B. 她知道小伙子的衣服和自行车是她哥哥的

C. 她早就知道小伙子不会骗她

D. 她家的经济情况比较好

二、听课文，回答问题。 3-2-3

1. 以前跟小伙子相亲的姑娘们为什么没有喜欢上小伙子？
2. 这次介绍的姑娘为什么喜欢上小伙子了？

三、注意下面几个表现故事中人物心情的句子，回答小伙子和姑娘为什么有这样的心情。

1. 姑娘们很吃惊。
2. 姑娘们一听就没兴趣了。
3. 小伙子的心里很不安。
4. 回家后，他哭了，母亲也流了眼泪。
5. 小伙子呆住了。
6. 姑娘很感动。

四、听句子，并跟读。 3-2-5

五、复述：假设你是那位小伙子，讲一讲你相亲的故事。

3 余婆婆做媒

词语和用例 3-3-1

1. 做媒　zuò méi　动　be a matchmaker

   她喜欢做媒，看到经过她介绍而认识的姑娘和小伙子结婚，她就特别高兴。

2. 率　lǜ　名　rate

   考试的合格率　做媒的成功率

3. 老太太　lǎotàitai　名　old woman

4. 隐私　yǐnsī　名　privacy

   一个月赚多少钱是我的隐私，我不想告诉你。

   我有没有结婚是我的隐私，我不必告诉你。

练　习

一、听课文，判断对错。3-3-4

（　　）1. 余婆婆开了一个理发店。

（　　）2. 余婆婆跟客人聊天时什么都可能问。

（　　）3. 有的客人不喜欢余婆婆的问题，就生气了。

（　　）4. 余婆婆第一次做媒时的姑娘和小伙子都是理发店的客人。

（　　）5. 余婆婆让姑娘和小伙子在理发店见面。

（　　）6. 小伙子带了伞，姑娘没有。

（　　）7. 余婆婆让小伙子和姑娘再聊聊，等雨停了再走。

（　　）8. 伞都给孩子们拿走了，不然余婆婆可能借伞给小伙子。

（　　）9. 余婆婆觉得不应该把伞借给小伙子。

（　　）10. 余婆婆也给中年人和老年人做媒。

二、听课文，回答问题。3-3-3

1. 余婆婆什么都会问客人，如果客人不喜欢余婆婆的问题，会怎么做？

2. 如果客人不回答余婆婆的问题，余婆婆会怎么做？

3. 为什么余婆婆做媒的成功率比较高？

三、听下面的一段话，完成填空。3-3-5

客人来过几次以后，余婆婆就跟他们很熟悉了。有一次，余婆婆觉得常来的客人中，有一个姑娘和一个小伙子挺合适，就________着跟双方________了一下。没想到，这对年轻人还真的同意见个面。两人就________在余婆婆家。离开的时候，正好________起了大雨，但是只有姑娘________了伞。余婆婆发现姑娘和小伙子互相都有点儿意思，就对他们说："哎呀，家里的伞都被孩子们________走了。还好姑娘带了伞，你们两个就一起________吧！"姑娘不太好意思，余婆婆又说："回去太晚也不好，快________吧！雨大伞小，两个人________紧点儿！”后来，两人真的________了一对儿。余婆婆________起这件事就________，她说：“其实我________伞，不过我怎么可能________给他们呢？”

四、听句子，并跟读，说说句子的意思。 3-3-6

五、复述：假设你是余婆婆第一次做媒时的那个小伙子，请你讲一讲当时发生的事。

4 梅和强的故事

词语和用例 3-4-1

成熟　chéngshú　形　mature

树上的苹果已经成熟了，可以吃了。

结过婚的男人比没结过婚的男人更成熟。

复现词语

面子　jd503

练　习

一、听课文，完成表格。 3-4-3

时间	朋友们的情况	梅的情况	梅的心情	梅对男朋友的条件	梅的想法
梅刚到南方的城市					
第一个三年过去了					
第二个三年过去了					
第三个三年过去了					

二、听写句子，并说说句子的意思。 3-4-4

1. ____________________

2. ____________________

3. ____________________

4. ____________________

三、讨论：最后梅去相亲时，对方竟然就是强。你觉得他们两个有可能成吗？为什么？

5 小林相亲

词语和用例 3-5-1

1. 温和 wēnhé 形 gentle, mild

温和的性格 温和的态度

2. 情愿 qíngyuàn 动 be willing to, would rather

外面下大雨，我情愿饿一顿，也不愿意出去买东西吃。

练 习

一、听课文，选择正确的答案。 3-5-4

(　　) 1. 小林第一次相亲，为什么没有成功？

A. 姑娘是个美女

B. 姑娘年龄太大了

C. 姑娘年龄太小了

D. 姑娘根本不是美女

(　　) 2. 小林第二次相亲，为什么没有成功？

A. 姑娘是个美女

B. 姑娘没有照片上那么美

C. 姑娘坐在椅子上

D. 姑娘太矮了

(　　) 3. 小林第三次相亲，为什么没有成功？

A. 姑娘的年龄、身高跟小林不合适

B. 姑娘和朋友们认为小林不合适

C. 一起吃完饭，小林没有付钱

D. 小林半天没有说一句话

(　　) 4. 小林第四次相亲，为什么没有成功？

A. 姑娘不知道疼小林

B. 姑娘的妈妈不喜欢小林

C. 姑娘要小林做所有的家务

D. 姑娘觉得小林不疼她

(　　) 5. 小林第五次相亲，为什么没有成功？

A. 姑娘不漂亮

B. 姑娘不喜欢做菜

C. 姑娘花了小林很多钱

D. 姑娘觉得小林工资太低

(　　) 6. 又有人给小林介绍女朋友，小林的态度怎么样？

A. 很高兴

B. 很情愿

C. 没兴趣

D. 想试试看

二、听课文，回答问题。 3-5-3

1. 第一次相亲，小林为什么高高兴兴地去了？
2. 第二次相亲，小林先打听了什么信息？为什么？
3. 第三次相亲，小林先打听了什么信息？为什么？
4. 第四次相亲，姑娘有哪些优点？
5. 第五次相亲，姑娘有哪些优点？

三、听句子，并跟读。 3-5-5

四、复述与讨论。

1. 再听一遍课文录音，假设你是小林，讲一讲你五次相亲的故事。
2. 如果你是小林，你还去不去相亲？为什么？
3. 你认为，小林多次相亲不成功，他自己有没有问题？

6 做比尔·盖茨的女婿

词语和用例 3-6-1

1. 比尔·盖茨　Bǐ'ěr·Gàicí　专　Bill Gates
2. 女婿　nǚxu　名　son-in-law
3. 微软　Wēiruǎn　专　Microsoft
4. 总裁　zǒngcái　名　president (of a company)

   比尔·盖茨是微软公司的总裁。
5. 推荐　tuījiàn　动　recommend

   我想找一个英国人帮助我学习英语，朋友向我推荐了玛丽，一个英国来的大学生。

练　习

一、听课文，完成表格。 3-6-3

父亲建议的对象	父亲建议的内容	对方本来的回答	父亲的理由	对方后来的回答
儿子				
比尔·盖茨				
世界银行的总裁				

二、根据练习一表格中的信息复述课文。

三、讨论。

1. 这个父亲为什么能把事情谈成？
2. 这个故事说明一个什么道理？生活中有没有这样的例子？

消费习惯

4 LESSON FOUR

1 三类消费习惯不同的人

词语和用例 4-1-1

1. 穿着	chuānzhuó	名	dress, apparel

穿着时髦　穿着普通　穿着随便

2. 月余族	yuèyúzú	名	young people who save an amount of money monthly
3. 还价	huán jià	动	bargain

在中国的很多地方，买东西时可以跟老板还价。

4. 偶尔	ǒu'ěr	副	once in a while, occasionally

他很少出去玩儿，只是偶尔跟朋友们出去一两次。

复现词语

月光族　ky504　　理智　ky502　　时髦　jd504

固定　ky501　　舍不得　ky504

练　习

一、听课文，连线。 4-1-3

月光族	每个月都在固定的时间把钱存进银行
理智族	每个月月底都会省下不少钱
月余族	每个月都把钱全部花光

二、听课文，完成表格。（把字母填入表格） 4-1-3

穿着：A. 衣服很普通

B. 月初和月底的衣服很不一样

C. 衣服干净整齐，但很少有名牌

消费习惯：A. 看到可爱的、喜欢的一定会买

B. 买东西喜欢还价，跟朋友出去玩，也要考虑钱

C. 买需要的东西，不买太贵的东西

性格：A. 清楚自己的需要，重视朋友之间的感情

B. 跟着感觉走，常常后悔

C. 对自己的要求很严格，但不听别人的意见

	穿着	消费习惯	性格
月光族			
理智族			
月余族			

三、听句子，并跟读。 4-1-4

四、讨论：你比较接近课文中提到的哪一类人？你有这类人的哪些特点？

2 你是月光族吗

词语和用例 4-2-1

1. 测试 cèshì 名 test

汉语水平测试　我们来测试一下你是不是月光族。

2. 现金 xiànjīn 名 cash

付现金　我带的现金不够，能用信用卡吗？

复现词语

信用卡　ky504

练　习

一、听课文，根据自己的实际情况选择 A 或者 B。4-2-3

（　　）1. 如果你一个人生活，你想住在什么样的房子里？

（　　）2. 如果这个月有好几个朋友过生日，你会怎么做？

（　　）3. 你经过一家店，看到一件很喜欢的衣服，但是比较贵，你会怎么做？

（　　）4. 最近出了一种新的手机，很受欢迎，可你原来的手机还没坏，你会怎么做？

（　　）5. 旅行的时候，你会买很多东西回来吗？

（　　）6. 如果家里没人，你的晚饭怎么解决？

（　　）7. 你多长时间逛一次街？

（　　）8. 你穿着刚买的新衣服走在街上，突然发现有人和你穿的一样，你会怎么做？

（　　）9. 你花钱有计划吗？

(　　) 10. 你有存钱的习惯吗？

(　　) 11. 如果你去旅行，你会带多少钱？

(　　) 12. 如果商店里的人很热情地向你介绍他们的新产品，这个时候你会怎么做？

二、再听一遍课文，记录你选的答案的内容。 4-2-3

三、把每一题的问题和你选的答案合成一句话说出来。

例如：1. 如果我一个人生活，我希望我的房子很大，而且布置得很漂亮。

或者：1. 如果我一个人生活，房子大小没关系，房子里有日常使用的家具就可以。

3 你适合零储蓄吗

词语和用例 4-3-1

1. 固定　　gùdìng　　形　　fixed

　固定工作　固定收入

2. 免谈　　miǎn tán　　动　　no way, out of the question

　什么？你让我向他道歉？免谈！绝不可能！

　人民币不行，必须付美元，否则这笔生意就免谈。

复现词语

储蓄　jd504　　属于　ky502　　万一　jd503

婚礼　jd502　　笔（量词）　ky504

练　习

一、听第一部分课文，判断对错。 4-3-5

(　　) 1. 零储蓄的人要有工作，固定的或者临时的都可以。

(　　) 2. 零储蓄的人不但要有固定收入，还要有很高的不固定收入。

(　　) 3. 零储蓄的人，家里人的收入要高。

(　　) 4. 马上要结婚的人不适合零储蓄。

(　　) 5. 身体不健康的人不适合零储蓄。

(　　) 6. 乐观的人不适合零储蓄。

二、听第二部分课文关于小张和小李的介绍，根据第一部分课文内容判断他们适合不适合零储蓄，并说出你的理由。 4-3-4

1. 小张____________________________________。

2. 小李____________________________________。

三、讨论：除了课文提到的以外，你认为还有哪些人不适合零储蓄呢？说说看。

4 关于零储蓄的不同看法

词语和用例 4-4-1

1. 增长　　zēngzhǎng　　动　　increase

中国经济增长得很快。

2. 福利　　fúlì　　名　　perk, welfare

公司的福利　社会福利

3. 救济金　　jiùjìjīn　　名　　relief fund

他失业后一直靠救济金生活。

复现词语

观念 jd504　　再说 jd503　　梦想 jd504

现实 ky502　　抱怨 jd501

练　习

一、听课文，把人物与他们的身份、观点连接起来。 4-4-3

林先生	教师	消费观念在改变
周先生	公司职员	不敢零储蓄
杨先生	普通工人	零储蓄对国家、对自己都好

二、听课文，选择正确的答案。 4-4-4

(　　) 1. 关于林先生的看法，下面哪一个是正确的？

A. 只储蓄不消费对国家有好处

B. 有能力也可能挣不到钱

C. 挣钱是为了储蓄

D. 消费可以提高生活质量

(　　) 2. 周先生为什么不敢零储蓄？

A. 他刚刚丢了工作

B. 他生了重病

C. 他怕失业

D. 他没有储蓄

(　　) 3. 下面哪一个不是周先生敢零储蓄的条件?

A. 自己的能力提高了

B. 孩子上学不要钱了

C. 老人的社会福利好了

D. 失业救济金高了

(　　) 4. 中国人的传统观念是什么?

A. 先消费后还钱

B. 先还钱后消费

C. 先消费后存钱

D. 先存钱后消费

(　　) 5. 关于“先消费后还钱”的观念，下面哪一个是正确的?

A. 这是新观念

B. 这是老观念

C. 这是国外的观念

D. 这个观念已经被中国人接受了

(　　) 6. 杨先生为什么支持女儿?

A. 因为女儿经常请他去旅行

B. 因为年轻人有能力消费

C. 因为女儿从来不担心明天

D. 因为现在社会福利很好

三、听句子，并跟读。 4-4-5

四、讨论：你对零储蓄怎么看？你认为零储蓄有什么好处或者坏处吗？

5 李小姐为宝宝花钱

词语和用例

4-5-1

1. 宝宝　bǎobao　名　baby

她生了一个很可爱的宝宝。

2. 奶粉　nǎifěn　名　milk powder

进口奶粉　喝奶粉

3. 尿布　niàobù　名　diaper

一片尿布　布尿布　纸尿布

4. 罐　guàn　量　tin

一罐奶粉

5. 推车　tuīchē　名　cart

她用小推车带宝宝出去散步。

6. 写真　xiězhēn　名　portrait, photo

她带宝宝去照相馆拍了一套写真。

复现词语

名牌　ky504　　脑子　ky503

练 习

一、听课文，完成表格。 4-5-3

	李小姐最近一个月为宝宝做了什么事？	花了多少钱？
1		
2		
3		
4		
5		

二、听课文，选择正确的答案。 4-5-4

（　　）1. 李小姐为什么给宝宝喝进口奶粉？

A. 价格便宜

B. 质量好

C. 宝宝爱喝

D. 冲起来方便

（　　）2. 李小姐为什么给宝宝用纸尿布？

A. 价格便宜

B. 不用洗

C. 洗起来方便

D. 可以重复使用

（　　）3. 李小姐给宝宝买衣服有什么要求？

A. 要漂亮的

B. 要舒服的

C. 要名牌的

D. 要穿起来方便的

(　　) 4. 李小姐为什么请专门的人给宝宝取名字？

A. 她自己不会取名字

B. 现在流行请人取名字

C. 她想给宝宝一个特别的名字

D. 她想让宝宝有好的未来

(　　) 5. 给宝宝取名字要考虑很多问题，下面哪一个不是？

A. 宝宝的性格

B. 宝宝的出生时间

C. 宝宝的姓

D. 父母对宝宝的希望

(　　) 6. 关于宝宝拍写真，下面哪一个是正确的？

A. 宝宝一个月大时拍的

B. 照相馆的人来家里给宝宝拍

C. 李小姐自己给宝宝拍

D. 宝宝去照相馆里拍

(　　) 7. 请专门的人给宝宝拍写真有很多好处，下面哪一个不是？

A. 他们送给宝宝有趣的玩具

B. 他们借给宝宝漂亮的衣服

C. 他们拍照的水平很高

D. 他们的照相机很好

(　　) 8. 给宝宝游泳有很多好处，下面哪一个不是？

A. 宝宝不害怕水

B. 宝宝不容易生病

C. 宝宝运动能力强

D. 宝宝脑子聪明

三、下面三句话都表示李小姐很愿意为宝宝花钱，请把它们听写下来。

4-5-5

1. 李小姐给宝宝买衣服________________。

2. 李小姐认为，如果一个好名字能让宝宝有一个好的未来，____________________________。

3. 李小姐觉得，为了给宝宝的成长留个纪念，____________________________。

四、讨论：你认为李小姐在宝宝身上花的钱是不是太多了？有没有你认为可以不花或者少花的钱呢？

6 大学生的信用卡生活

词语和用例

4-6-1

1. 休学　　xiū xué　　动　　suspend one's schooling

他因为生病，暂时休学了。

2. 打工　　dǎ gōng　　动　　do a part-time job

很多大学生下课以后要去打工挣钱。他现在打两份工。

3. 透支　　tòuzhī　　动　　overdraw

用信用卡透支　我这个月透支了 3000 块钱。

复现词语

开销　jd504　　硬着头皮　jd503

练　习

一、听课文，回答问题。4-6-3

1. 小张的信用卡主要用来干什么？
2. 小刘的信用卡主要用来干什么？

二、听课文，选择正确的答案。4-6-4

(　　) 1. 小张为什么要用信用卡？

A. 他考上了大学

B. 他打工挣了钱

C. 用信用卡透支的钱付学费

D. 要还学费

(　　) 2. 小张是怎么还信用卡透支的钱的？

A. 一个好朋友帮忙

B. 边上学边打工

C. 上大学

D. 休学打工

(　　) 3. 小刘为什么要用信用卡？

A. 父母给他 2000 块生活费

B. 开销越来越大

C. 花钱更方便

D. 刷卡的感觉很好

(　　) 4. 小刘用信用卡有什么烦恼？

A. 感觉不到经济压力

B. 欠的钱越来越多

C. 每个月拿到生活费马上还信用卡的钱

D. 信用卡不能透支

(　　) 5. 为什么小刘欠的钱越来越多？

A. 他有三张信用卡

B. 刷卡消费不用付现金，感觉不到经济压力

C. 时间长了

D. 一到还钱的日子就很痛苦

(　　) 6. 小刘是怎么还信用卡透支的钱的？

A. 用每个月的生活费还

B. 坚持自己还钱

C. 硬着头皮还

D. 用每个月的生活费还或者让父母还

三、听句子，并跟读。 4-6-5

四、讨论：你认为小张和小刘是不是应该继续用信用卡？为什么？

5 LESSON FIVE 中国人过洋节

1 在情人节出租自己

词语和用例 5-1-1

1. 寂寞 jìmò 形 lonely

   我一个人住，有时候会觉得寂寞。

2. 题目 tímù 名 title, topic

   文章的题目　小说的题目

3. 女生 nǚshēng 名 girl student

   我们班有20个人，其中12个是女生。

4. 项目 xiàngmù 名 item

   运动会的项目　提供的服务项目

5. 面谈 miàntán 动 interview, speak to somebody face to face

   工资面谈　价格面谈

6. 疯狂 fēngkuáng 形 crazy

   疯狂的行为　疯狂的想法

复现词语

情人节 ky505　特殊 jd505　提供 jd505

行为 jd505　帅哥 jd503

练　习

一、听课文，回答问题。5-1-3

1. “我”为什么要在情人节出租自己？

2. “我”把自己出租给谁了？

3. “我”需要向租“我”的人提供什么服务？

二、听课文，选择正确的答案。5-1-4

(　　) 1. 关于今年的情人节，下面哪一个是正确的？

A. “我”一个人过

B. “我”跟一个不认识的女生一起过

C. “我”决定跟女朋友分手

D. “我”刚认识一个新的女朋友

(　　) 2. “我”在哪里发了一个广告？

A. 报纸上

B. 网上

C. 电影院

D. 杂志上

(　　) 3. “我”的广告题目是什么？

A. 女生出租，陪帅哥过情人节

B. 租女生，陪帅哥过情人节

C. 帅哥出租，陪女生过情人节

D. 租帅哥，陪女生过情人节

(　　) 4. “我”在广告中没有介绍自己哪方面的情况？

A. “我”的学校

B. “我”的专业

C. “我”的年级

D. “我”的身高

(　　) 5. 下面哪一个是“我”在广告中最后补充的条件？

A. “我”希望女生最好不是大学生

B. “我”希望女生最好跟“我”学一样的专业

C. “我”希望女生最好比“我”低一个年级

D. “我”希望女生比“我”矮一些

三、听句子，完成填空。 5-1-5

1. 一个人的情人节，让我感到寂寞，____________________。
2. 我觉得像我这样______________________________。
3. 我__________________________________发出了这个广告。

四、讨论。

1. 如果你是一个女大学生，没有男朋友，你看到这样的广告会不会想去试一试？为什么？
2. 如果你是女生，你对广告中的价格有什么建议或者意见？
3. 如果你是那个“帅哥”，你的价格有什么不同？

2 一枝情人节玫瑰

词语和用例 5-2-1

1. 研究生　　yánjiūshēng　　名　　graduate student

大学毕业后，他继续读研究生。

2. 补助　　bǔzhù　　名　　allowance, subsidy

失业补助　生活补助

3. 笑容　　xiàoróng　　名　　smile

母亲的笑容　丈夫脸上的笑容

复现词语

玫瑰　ky505

练　习

听课文，回答问题。 5-2-3

1. 经济最困难的时候，丈夫在情人节给了“我”什么礼物？
2. “我”跟丈夫都毕业以后的几年，丈夫在情人节给了“我”什么礼物？
3. 现在，丈夫在情人节给“我”什么礼物？
4. 对“我”来说，最重要的是什么？

二、听课文，判断对错。 5-2-4

(　　) 1. “我”考上研究生的第二年，丈夫也考上了研究生。

(　　) 2. 有两年时间，“我们”全家每个月的固定收入只有 700 多元。

(　　) 3. “我”跟丈夫业余时间还要去讲课，否则钱不够花。

(　　) 4. 情人节那天，丈夫没去讲课，而是给“我”买了一枝玫瑰。

(　　) 5. “我”觉得丈夫买花是浪费钱，丈夫很失望。

(　　) 6. 其实“我”心里喜欢这枝花，很感动。

(　　) 7. 因为家里经济紧张，“我”已经习惯了问一问东西的价钱。

(　　) 8. 虽然平时很忙，“我”还是没有忘记那天是情人节。

(　　) 9. 即使“我”知道是情人节，“我”也会问花的价钱。

(　　) 10. 如果丈夫情人节不送礼物给“我”，“我”会生气的。

三、听句子，并跟读。 5-2-5

四、复述：假设你是课文里的妻子或丈夫，请你复述这个故事。

3 我过的第一个母亲节

词语和用例 5-3-1

1. 母亲节	Mǔqīn Jié	专	Mother's Day
2. 父亲节	Fùqīn Jié	专	Father's Day
3. 康乃馨	kāngnǎixīn	名	carnation
4. 卡片	kǎpiàn	名	card

朋友生日的时候，我送给他一张生日卡片，祝他生日快乐。

复现词语

洋　ky505

练　习

一、听课文，回答问题。 5-3-3

1. 母亲节那天，女儿为“我”做了什么？
2. 那天买菜回家以后，“我”做了什么？
3. 现在，每年的母亲节“我”会做什么？

二、听课文，按照事情发生的顺序重新排列下面的句子。5-3-3

1. 女儿要求跟“我”一起去买菜，“我”答应了。
2. 女儿付了花的钱。
3. “我”看到了女儿写的话。
4. 女儿换了衣服，背了小包跟“我”一起出门。
5. 女儿送给“我”花和卡片。
6. 女儿陪“我”在菜市场里买菜。
7. 女儿让“我”挑一支最美的康乃馨。
8. “我”打开了卡片。
9. 女儿让“我”跟她去卖花的人那里。
10. “我”才知道女儿非常爱我。

（1）→（　）→（　）→（　）→（　）→（　）→（　）→（　）→（　）→（10）

三、听句子，完成填空。5-3-4

1. 女儿跟着我在菜市场里转了一个小时左右，____________。
2. 女儿从她的小包里____________，把钱付了。然后，又从小包里____________，和花一起____________。
3. 我____________女儿：现在我知道了，女儿来菜市场，____________。
4. 现在，每年的母亲节我都要给母亲____________，____________。

四、复述与讨论。

1. 假设你是课文中的女儿，请复述一下这个故事。
2. 你知道父亲节和母亲节分别是哪一天吗？
3. 这两个节日里，你一般为父母做些什么，或者送他们什么礼物？
4. 你重视父亲节和母亲节吗？为什么？

4 迈克在中国过圣诞

词语和用例 5-4-1

1. 迈克　Màikè　专　Mike, name of a person
2. 设计　shèjì　名、动　design
   广告设计　服装设计
3. 男生　nánshēng　名　boy student
   你们班有多少男生？
4. 做菜　zuò cài　cook
   她做菜棒极了！
5. 微波炉　wēibōlú　名　microwave oven
   用微波炉热菜
6. 心意　xīnyì　名　regard, kindly feelings
   母亲节时，孩子送给母亲一张卡片表达自己的心意。

复现词语

圣诞节　jd505　　服装　jd504

练　习

一、听课文，回答问题。5-4-3

1. 圣诞节快来了，迈克的心情怎么样？为什么？
2. 迈克跟谁一起过圣诞节的？在哪里过的？
3. 过完圣诞节，迈克的心情有什么变化？

二、听课文，选择正确的答案。5-4-4

(　　) 1. 关于这个圣诞节，下面哪一个不正确？

A. “我”没有假期

B. “我”本来很想回意大利

C. 是一个孤单的圣诞节

D. 学生们邀请“我”一起过

(　　) 2. “我”来到举行晚会的大教室后，下面哪一个不正确？

A. “我”看到一棵很大很漂亮的圣诞树

B. 学生们唱英文歌迎接“我”

C. 学生们教“我”唱一首他们最喜欢的圣诞歌

D. 学生们很快就学会了一首“我”用意大利语唱的圣诞歌

(　　) 3. 关于女生做裙子，下面哪一个不是原因？

A. 女生喜欢穿得漂亮一些

B. 这是晚会的要求

C. 让“我”看看她们学会了服装设计

D. 算是给“我”的圣诞礼物

(　　) 4. 在准备中国菜时，男生们想办法解决了很多问题，下面哪一个不是？

A. 菜留到傍晚已经冷了

B. 有的菜不漂亮，味道也不好

C. 有的男生没有做菜的地方和工具

D. 有的男生不会做菜

(　　) 5. 关于这个圣诞晚会，下面哪一个不正确？

A. “我”看到了学生们自己设计的裙子

B. “我”尝到了学生们亲手做的菜

C. “我”教会了学生们一首圣诞歌

D. “我”带回家很多礼物

三、听下面一段话，完成填空。 5-4-5

女生全都________了出去，只________下我跟男生在教室里。大约十五分钟以后，她们回来了，每个人都________着一条新裙子！原来，这些都是她们自己________并且赶在圣诞节前做出来的，就是为了在晚会上穿给我看，________是给我这个________设计的老师的圣诞礼物。

四、听句子，并跟读。 5-4-6

五、复述：假设你是迈克的学生，讲一讲你们是怎么过这个圣诞节的。

5 副总经理家的聚会

词语和用例 5-5-1

1. 聚会　jùhuì　名　party
2. 平安夜　píng'ānyè　名　Christmas Eve
3. 陆家嘴　Lùjiāzuǐ　专　Lujiazui, an important financial district in Pudong, Shanghai
4. 烟花　yānhuā　名　fireworks

   烟花表演

   春节，中国人喜欢放烟花。
5. 阳台　yángtái　名　balcony
6. 合作　hézuò　形　cooperative

   合作的态度

复现词语

饮料 jd503　　气氛 jd505　　同事 ky505　　家人 ky505

练　习

一、听课文，回答问题。 5-5-3

1. 副总经理这封信的主要内容是什么？
2. 副总经理的聚会成功吗？从哪里可以知道？

二、听课文，判断对错。 5-5-4

（　　）1. 总经理要回美国去过圣诞节。

（　　）2. 圣诞节“我们”还是要上班。

（　　）3. 副总经理邀请“我们”圣诞节那一天去他家。

（　　）4. “我们”要保证不饿着肚子去参加聚会。

（　　）5. 副总经理请大家听音乐会和看烟花表演。

（　　）6. 副总经理家可以看到陆家嘴。

（　　）7. 大家可以带家人或朋友一起去。

（　　）8. 副总经理希望今天或明天就知道有哪些人参加聚会。

（　　）9. 小李很想参加聚会，但家里有事没去。

（　　）10. 聚会后，副总经理在工作上给大家提出很多要求。

三、听句子，完成填空。 5-5-5

1. 吃的东西虽然很简单，但__________________。
2. 如果你正好对那天晚上陆家嘴的烟花表演感兴趣，那你只要站在我家的阳台上________________！
3. 如果__________，______________，就来放松一下吧！
4. 从来没有领导__________________请所有的职员去自己家里。

四、讨论。

1. 如果你收到这封电子邮件，你有没有兴趣参加这个聚会？为什么？
2. 如果你是一个公司的领导，你会不会邀请职员们去自己家聚会？为什么？

6 我的第一个圣诞节

词语和用例

5-6-1

1. 礼品　lǐpǐn　名　gift, present

   礼品店　送礼品

2. 海报　hǎibào　名　poster

   电影海报　圣诞舞会的海报

3. 肯德基　Kěndéjī　专　KFC

   肯德基餐厅

4. 舞厅　wǔtīng　名　ballroom, dance hall

   去舞厅跳舞

复现词语

酒吧　ky504

舞会　ky505

练　习

一、听课文，回答问题。5-6-3

1. “我们”宿舍的女生是怎么过平安夜的？
2. 关于“我”的第一个圣诞节，“我”那时的感觉和现在有什么不一样？

二、听课文，选择正确的答案。5-6-4

(　　) 1. 圣诞节前到处是节日的气氛，下面哪一个课文没有提到？
　　A. 学校附近商店的玻璃窗上都写着“圣诞快乐”
　　B. 礼品店里很多人买圣诞卡片
　　C. 学校里很多地方都有圣诞舞会的海报
　　D. 同学们都给家里人寄圣诞礼物

(　　) 2. 在肯德基，发生了什么没想到的事？
　　A. 价钱太贵了
　　B. 饮料太热了
　　C. 人太多了
　　D. “我”的裤子弄湿了

(　　) 3. 去舞厅时，发生了什么没想到的事？
　　A. 有几个同学想去图书馆了
　　B. 有几个人想回宿舍了
　　C. 舞厅里人太多，“我们”不能进去
　　D. “我们”人太多，不能全部进去

(　　) 4. 进入舞厅后，情况怎么样？
　　A. 半小时后“我们”才能跳舞
　　B. “我们”只跳了半个小时舞
　　C. 人们都在里面聊天
　　D. 大家都不想跳舞

三、听句子，完成填空。5-6-5

1. 漂亮的圣诞卡一块钱一张，________________。
2. 一个同学因为太兴奋，刚拿到一杯热的饮料，就________________。
3. 舞厅里一下子出来了二三十个人，我们就________________。
4. 刚进去的时候，人________________。

四、讨论。

1. 在你自己的国家，圣诞节你是怎么过的？
2. 在中国，圣诞节你一般怎么过？

城市飞人

6 LESSON SIX

1 白领小丁

词语和用例 6-1-1

1. 出差　chū chāi　动　be on a business trip

   这个工作需要经常去外地出差。

2. 广州　Guǎngzhōu　专　Guangzhou, the capital of Guangdong Province, China

3. 上海　Shànghǎi　专　Shanghai, one of the largest city in China

4. 北京　Běijīng　专　Beijing, the capital of China

5. 西安　Xī'ān　专　Xi'an, the capital of Shanxi Province, China

6. 胃病　wèibìng　名　stomach trouble

   他因为经常不按时吃饭，得了严重的胃病。

7. 体重　tǐzhòng　名　(body) weight

   他的体重是80公斤。

复现词语

分（公司） ky506

练 习

一、听课文，回答问题。6-1-3

1. 小丁为什么经常飞来飞去？
2. 经常出差使小丁养成了什么习惯？
3. 经常出差对小丁的身体有哪些不好的影响？
4. 对小丁的工作，朋友、家人和小丁自己分别有什么看法？

二、听课文，选择正确的答案。6-1-4

( ) 1. 小丁的家在哪个城市？

A. 广州

B. 西安

C. 北京

D. 上海

( ) 2. 星期一小丁去了几个城市？

A. 一个

B. 两个

C. 三个

D. 四个

( ) 3. 小丁为什么每天早上都要想一想自己在什么地方？

A. 因为她要决定每天的工作

B. 因为她经常在不同的城市出差

C. 因为她要确定今天是不是要出差

D. 因为她一周要飞四个城市

( ) 4. 关于小丁，下面哪一个是正确的？

A. 越来越容易生气

B. 天天腰酸背疼

C. 经常头疼

D. 体重越来越轻

(　　) 5. 关于小丁，下面哪一个课文中没有提到？

A. 她下个月要换工作

B. 她不太喜欢自己现在的工作

C. 朋友们认为她的生活很精彩

D. 她的最高记录是一周飞四个城市

三、听句子，并跟读。 6-1-5

四、讨论。

1. 经常出差严重影响了小丁的生活和身体，如果你是小丁的朋友或者家人，你会给她什么建议？
2. 如果有一份要经常坐飞机出差的工作，你会做吗？为什么？

2 经理小陈

词语和用例 6-2-1

1. 效率　　xiàolǜ　　名　　efficiency

小王一个小时翻译了两篇文章，小张只翻译了一篇，小王的工作效率比小张高多了。

2. 误点　　wù diǎn　　动　　be late, be behind schedule

火车误点　飞机误点

由于天气原因，飞机误点了两个小时。

3. 怀孕　　huái yùn　　动　　be pregnant

她怀孕三个月了。

怀孕以后，她就辞职了。

复现词语

黄金　ky502

练　习

一、听课文，判断对错。6-2-4

(　　) 1. 小陈一般每个星期飞两到三次。

(　　) 2. 小陈认为飞机上的时间是休息的“黄金时间”。

(　　) 3. 小陈上飞机后会马上跟要见的人联系。

(　　) 4. 小陈在飞机上的工作效率很高。

(　　) 5. 虽然经常出差，但小陈还是不太习惯。

(　　) 6. 如果长时间不出差，小陈会感到比较舒服。

(　　) 7. 小陈怀孕后坐飞机出差，朋友们都很担心她，她自己也有一点儿紧张。

(　　) 8. 小陈适合做“飞人”，也很喜欢做“飞人”。

二、听课文，回答问题。6-2-3

1. 为什么小陈认为飞机上的时间是工作的“黄金时间”？
2. 小陈有哪些特点适合做“飞人”？

三、听句子，并跟读。6-2-5

四、讨论。

1. 你认为飞机上的时间最适合用来做什么事？为什么？
2. 你认为什么样的人适合做“飞人”？

3 工程师小沙

词语和用例 6-3-1

长城	Chángchéng	专	the Great Wall

长城是北京最著名的风景名胜之一。

复现词语

杂志 jd502　　书籍 jd502　　信息 jd504

投入 jd503　　客户 jd503

练　习

一、听课文，选择正确的答案。6-3-4

(　　) 1. 小沙一般在飞机上做什么？

A. 吃东西

B. 找人聊天

C. 看书

D. 听音乐

(　　) 2. 小沙在外地出差时，要做什么？

A. 检查生产车间

B. 陪客户吃饭

C. 游览当地的名胜

D. 在宾馆上网、处理工作

(　　) 3. 小沙在飞机上跟人聊天的条件是什么？

A. 自己的心情好不好

B. 对方的心情好不好

C. 对方是不是主动

D. 对方是不是白领

(　　) 4. 关于小沙，下面哪一个是正确的？

A. 小沙经常去北京，去过好几次长城

B. 小沙没去过北京，没去过长城

C. 小沙去过好多次北京，只去过一次长城

D. 小沙经常去北京，没去过长城

(　　) 5. 关于小沙在飞机上认识的人，下面哪一个不正确？

A. 他们中的一些人经常出差

B. 他们都成了小沙生活中的朋友

C. 他们有的成了小沙生活中的朋友

D. 他们有时会约小沙一起“飞”

二、听课文，回答问题。6-3-3

1. 周三夜里两点和周六上午十点，哪一个时间小沙更可能在工作？为什么？
2. 对于出差时没时间游览风景名胜，小沙是怎么想的？怎么说的？
3. 很多人觉得“飞人”生活太辛苦，但小沙却很享受。这是为什么？
4. 小沙开玩笑说：“我不在飞机上，就在去机场的路上”。这句话是什么意思？

三、听句子，并跟读。 6-3-5

四、讨论。

1. 你在飞机上跟别人聊过天吗？一般会聊些什么？
2. 你认为在飞机上认识的朋友可能成为你生活中的朋友吗？为什么？

4 时尚买手的生活

词语和用例 6-4-1

1. 买手　mǎishǒu　名　(fashion) buyer

   服装买手　时尚买手

2. 商品　shāngpǐn　名　commodity, goods

   商店里摆满了各种各样的商品。

3. 纽约　Niǔyuē　专　New York
4. 伦敦　Lúndūn　专　London
5. 香港　Xiānggǎng　专　Hong Kong
6. 瑞士　Ruìshì　专　Switzerland
7. 蓝山　Lánshān　专　Blue Mountains (in Jamaica)
8. 东京　Dōngjīng　专　Tokyo
9. 巴黎　Bālí　专　Paris

复现词语

时尚 jd505　　象征 jd502　　时装 jd504

商家 ky505　　沟通 jd505

练　习

一、听课文，判断对错。 6-4-4

(　　) 1. 一年中“我”要花七个月在全国各地找合适的商品。
(　　) 2. 为了和各国的商家进行沟通，“我”学了很多种语言。
(　　) 3. “我”外语说得很好，特别是跟还价有关的。
(　　) 4. “我”每次一离开北京就是一两个月。
(　　) 5. “我”的最高记录是连续两个月在世界各地做“飞人”。
(　　) 6. “我”主要通过国外的时尚杂志来了解最新的时尚信息。
(　　) 7. “我”并不觉得我的职业值得羡慕。
(　　) 8. 现在“我”对国外的商业大街已经很熟悉了，不会感到兴奋了。

二、听课文，回答问题。 6-4-3

1. “我”的职业有哪些好处？
2. “我”刚开始做这份工作时心情怎么样？为什么？
3. “我”现在对这份工作还有热情吗？从哪里可以知道？

三、听句子，完成填空。 6-4-5

1. “今天在纽约__________，明天在伦敦__________，上午在上海__________，晚上在香港__________，穿意大利__________，戴瑞士__________，喝蓝山__________，吃中国________。”这正是我们时尚买手的生活。

2. 一年中我要花七个月满世界去__________、__________、与各国的商家__________。
3. 为了交流方便，我学了好几种语言，可是每种只会一点儿，内容全是__________的。
4. 我的最高记录是连续两个月在世界各地做“飞人”，从地球的这一边飞到地球的那一边，从__________到__________。
5. 现在我对那些地方已经很熟悉了，__________我都清清楚楚。
6. 只要这些商业街上一出现新的商品，我的眼睛就会__________，激动得不得了。

四、讨论：“时尚买手”的工作对你有吸引力吗？为什么？

5 给白领飞人的健康建议

词语和用例 6-5-1

1. 时差　shíchā　名　time difference, jet lag

   纽约和上海的时差是12个小时。

2. 热量　rèliàng　名　quantity of heat

   巧克力是一种高热量的食物。

3. 果汁　guǒzhī　名　fruit juice

   有的孩子不爱喝水，却很爱喝果汁。

复现词语

白领　ky504　　零食　ky502　　泡　jd504

胳膊　ky501　　舒适　jd506

练　习

一、听课文，记录四条建议的内容。 6-5-3

1. ____。

2. ____。

3. ____。

4. ____。

二、听课文，选择正确的答案。 6-5-4

(　　) 1. 关于吃东西，下面哪一个是正确的？

A. 吃饭时间不固定，胃一定会出毛病

B. 出差也一定要按时吃饭

C. 坐晚上 8 点以后的飞机，最好在上飞机前吃饭

D. 在飞机上要多吃一点儿饼干和水果

(　　) 2. 关于适应时差，下面哪一个是正确的？

A. 要提前三天开始在睡眠上做一些准备

B. 第一天要吃得饱一些，第二天和第三天不要吃得太多

C. 第一天晚上可以喝一些咖啡或茶，但第二天和第三天不要喝

D. 第一天和第三天晚上吃含糖的食品，第二天吃含糖少的食品

(　　) 3. 关于泡脚，下面哪一个是正确的？

A. 洗澡前先泡脚

B. 洗澡后泡脚

C. 用冷水泡脚

D. 泡脚前不要想得太多

(　　) 4. 在飞机上，下面哪一个是正确的？

A. 要多喝水和果汁，少喝酒

B. 要穿舒适的衣服、裤子和鞋子

C. 每隔半小时就要站起来走一走、动一动

D. 要在走道上做一些简单的锻炼

三、讨论。

1. 这些建议中，有哪些对你乘飞机有用？

2. 你还有什么别的建议给“白领飞人”吗？

6 现代蒲公英

词语和用例

6-6-1

1. 蒲公英	púgōngyīng	名	dandelion
2. 户口	hùkǒu	名	residence registration

上海户口　本地户口

3. 移民	yí mín	动	emigrate

他十年前移民到美国后，就一直在那里生活。

复现词语

长　ky505　　企业　jd502　　算是　jd503　　安家　jd506

练　习

一、听课文一，根据小王的情况连线。6-6-3

上海	长大
北京	读大学
武汉	进修
东北	结婚、生孩子
广州	工作了六年

二、听课文一，回答问题。6-6-3

1. 小王现在在哪里安家？
2. 小王为什么要户口？
3. 小王为什么不知道自己的户口在哪里？
4. 小王怎么样才能找回自己的户口？

三、听课文二，根据小范的情况，回答问题。6-6-4

1. 小范有几个家？分别在哪里？
2. 小范为什么不离开上海？
3. 小范为什么要在郊区给父母买大房子？
4. 小范一家为什么要移民到美国？
5. 小范觉得他现在的生活怎么样？

7 动　物

LESSON SEVEN

1 鸟妈妈的爱

词语和用例 7-1-1

1. 翅膀　　chìbǎng　　名　　wing

   鸟儿会飞，是因为它们有翅膀。

2. 揉　　róu　　动　　rub, knead

   揉一揉眼睛

   肚子有点儿痛，我用手揉一揉。

3. 浓烟　　nóng yān　　　　heavy smoke

   对面的楼里不停地冒出浓烟，一定是发生了大火。

复现词语

无法　jd504

练　习

一、听课文，判断对错。 7-1-4

(　　) 1. 美国的一个公园发生了大火。

(　　) 2. 工作人员是去公园里救火的。

(　　) 3. 工作人员在一棵大树上发现了一只大鸟。

(　　) 4. 大鸟被大火烧伤了，但没有死。

(　　) 5. 大鸟的翅膀下面有几只小鸟。

(　　) 6. 大鸟下面的小鸟吓坏了，一动也不动。

二、听课文，选择正确的答案。 7-1-5

(　　) 1. 大鸟的翅膀动了一下，这是因为什么？

A. 大鸟没有死

B. 大鸟又活过来了

C. 大鸟下面有活着的小鸟

D. 工作人员看错了

(　　) 2. 大鸟为什么不飞走？

A. 小鸟不让它飞走

B. 它来不及飞走

C. 它要和小鸟死在一起

D. 它要保护小鸟

(　　) 3. 大鸟是怎么保护小鸟的？

A. 把小鸟赶到树下，用自己的身体保护它们

B. 带着小鸟一起飞走

C. 跟小鸟一起飞到树下

D. 把小鸟赶到树下，然后自己飞走

(　　) 4. 下面哪一个不是大鸟这么做的理由？

A. 小鸟不会飞

B. 小鸟在树上可能会被烧死

C. 小鸟可能会吓得摔到树下

D. 浓烟可能让小鸟不能呼吸

三、听句子，完成填空。7-1-6

1. 工作人员吓了一跳，________________。
2. 他揉了揉眼睛，______________那只大鸟。这一回，他清清楚楚地看到：大鸟的翅膀______________。
3. 大火烧起来的时候，大鸟不是___________，而是______________，用自己的身体来保护它们。
4. 虽然大火___________大鸟，可它仍然___________，保护着身体下面的小鸟，用自己的生命___________孩子们的生命。

四、讨论：如果用一个形容词来形容鸟妈妈，你会用哪个？为什么？

2 美洲虎为什么没精神

词语和用例 7-2-1

1. 美洲虎 měizhōuhǔ 名 jaguar
2. 雌性 cíxìng 名 female

   雌性的动物
3. 简直 jiǎnzhí 副 almost

   这辆车开得太慢了，简直比自行车还慢。
4. 凶恶 xiōng'è 形 atrocious, ferocious

   在孩子们的故事中，狼往往是一种凶恶的动物。

复现词语

懒洋洋 jd501　　整天 jd504　　狮子 jd507

练　习

一、听课文，回答问题。 7-2-3

1. 什么问题让工作人员想不明白？
2. 为了解决问题，工作人员做了什么尝试？
3. 工作人员的尝试让美洲虎有了什么变化？

二、听课文，选择正确的答案。 7-2-4

(　　) 1. 这只美洲虎的生活条件很好，下面哪一个不能说明这一点？

A. 它有自己的房间

B. 它可以在6万平方米的生活区里自由活动

C. 它散步时能看到大群的牛和羊

D. 工作人员一日三顿给它送来好吃的

(　　) 2. 这只美洲虎总是懒洋洋的，下面哪一个不能说明这一点？

A. 它对那些牛和羊根本没兴趣

B. 它喜欢一只大花猫

C. 它大部分时间都在房间里或者附近吃吃睡睡

D. 它也不太喜欢动物园里的雌性美洲虎

(　　) 3. 后来，这只美洲虎的条件没有以前好了，下面哪一个不能说明这一点？

A. 它不太喜欢吃工作人员送来的肉了

B. 工作人员每顿给它的肉比以前少了

C. 它的生活区里出现了凶恶的狼

D. 它的生活区里出现了凶恶的狮子

(　　) 4. 后来，这只美洲虎开始有精神起来了，下面哪一个课文中没有提到？

A. 它很少在自己的房间里一睡就是半天了

B. 它开始东走走西看看了

C. 它开始抓一些小牛和小羊来吃了

D. 它对狼和狮子很不友好

(　　) 5. 工作人员很高兴，下面哪一个不是原因？

A. 美洲虎开始有老虎的样子了

B. 美洲虎变得有精神了

C. 美洲虎自己生下了孩子

D. 美洲虎让那只雌性的美洲虎怀了孕

三、听句子，完成填空。7-2-5

1. 它散步时会碰到大群的牛和羊，可是它对这些牛和羊根本没有兴趣，____________________。

2. 见到它的人都说，这哪里是一只美洲虎，____________________________________！

3. 新来的狼和狮子对美洲虎一点儿也不友好，____________________。

4. 从那以后，美洲虎跟以前真的不太一样了。它很少在自己的房间里____________________了，相反地，他开始喜欢____________________了，有时还会有点儿紧张的样子。

5. 总之，它变得精神起来了，____________________。

四、讨论。

1. 听了这个故事，你认为这只美洲虎为什么没有精神？

2. 在现实生活中人有没有类似的情况？

3 聪明的乌鸦

词语和用例 7-3-1

1. 乌鸦 wūyā 名 crow
   一只乌鸦
2. 树枝 shùzhī 名 branch, twig
   一根小树枝
3. 坚果 jiānguǒ 名 nut
4. 果仁 guǒrén 名 nutlet, kernel

练习

一、听课文，完成表格。 7-3-3

	乌鸦想做的事	乌鸦遇到的困难	乌鸦使用的工具
第一个故事			
第二个故事			
第三个故事			

二、听课文，选择正确的答案。 7-3-4

(　　) 1. 在乌鸦喝水的故事里，下面哪一个是正确的？

A. 乌鸦找来一块大石头，站在石头上，就能把嘴伸到瓶子里喝水了

B. 乌鸦找来一块大石头，把瓶子打破，就喝到水了

C. 乌鸦把小石头放进瓶子，水面升高了，乌鸦就喝到水了

D. 乌鸦找来很多小石头，把瓶子放满，水就流出来了

(　　) 2. 在乌鸦吃虫子的故事里，下面哪一个是正确的？

A. 树洞很小，虫子躲在里面，乌鸦试了好几次才吃到

B. 乌鸦试了好几次都不成功，就生气地飞走了

C. 乌鸦用小树枝伸进树洞，把小虫子夹了出来

D. 小虫子看到小树枝伸进洞口，就沿着小树枝爬了出来

(　　) 3. 在乌鸦吃果仁的故事里，下面哪一个是正确的？

A. 乌鸦利用车辆把坚果压碎

B. 乌鸦把坚果扔在正在开的车辆上，坚果就碎了

C. 乌鸦会在十字路口乱飞

D. 乌鸦害怕车辆

三、听句子，并跟读。 7-3-5

四、复述：分别听这三个小故事，然后复述，注意讲清楚乌鸦是怎么使用工具的。

4 海豚救人

词语和用例 7-4-1

1. 罗布	Luóbù	专	Rob, name of a person
2. 游	yóu	动	swim

鱼儿在水里游来游去。

鱼儿游走了。

3. 鲨鱼	shāyú	名	shark
4. 靠近	kàojìn	动	get close

复现词语

放弃 jd504

练　习

一、听课文，回答问题。7-4-3

1. 罗布遇到了什么危险？
2. 是谁救了罗布和孩子们？
3. 这件事对罗布和孩子们有什么影响？

二、听课文，选择正确的答案。7-4-4

(　　) 1. 大鲨鱼游过来时，有几个人在海里游泳？

A. 两个人

B. 三个人

C. 四个人

D. 五个人

(　　) 2. 大鲨鱼有多长？

A. 两米

B. 三米

C. 四米

D. 五米

(　　) 3. 大鲨鱼多长时间后才离开？

A. 20 分钟左右

B. 30 分钟左右

C. 40 分钟左右

D. 50 分钟左右

三、再听一遍课文，判断对错。 7-4-5

( ) 1. 只有罗布和他的女儿被海豚围住了。

( ) 2. 罗布感到有点儿紧张，试着把海豚赶走。

( ) 3. 罗布先看到海豚，然后看到了大鲨鱼。

( ) 4. 罗布自己并不害怕，但是几个孩子吓得大叫起来。

( ) 5. 海豚用尾巴拍打水面是为了不让罗布靠近它。

( ) 6. 大鲨鱼很害怕海豚的尾巴，就游走了。

( ) 7. 大鲨鱼离开后，海豚并没有马上离开。

( ) 8. 罗布和孩子们以前并不喜欢海豚，但是现在很喜欢。

四、按照事情发生的顺序重新排列下面的句子。

1. 罗布和孩子们在海边游泳。
2. 大鲨鱼放弃了，游走了。
3. 海豚等到大鲨鱼游得看不见了，才让罗布和孩子们游出去。
4. 几条海豚游过来，把罗布和孩子们围了起来。
5. 罗布和孩子们看到一条大鲨鱼正朝他们游过来。
6. 大鲨鱼没有办法真正靠近罗布和孩子们，只能在附近游来游去。
7. 罗布试着从两条海豚中间游出去，但没有成功。
8. 大鲨鱼游过来，海豚用尾巴拍打水面，不让它靠近。
9. 一个孩子吓得大叫起来，罗布安慰他。
10. 海豚把罗布和孩子们送到岸边才离开。

（1）→（ ）→（ ）→（ ）→（ ）→（ ）→（ ）→（ ）→（ ）→（10）

五、根据练习四的提示，复述这个故事。

5 丘吉尔港的北极熊

词语和用例 7-5-1

1. 丘吉尔港　Qiūjí'ěr Gǎng　专　Churchill, name of a harbor
2. 北极熊　běijíxióng　名　polar bear
3. 加拿大　Jiānádà　专　Canada
4. 脂肪　zhīfáng　名　fat

   胖的人身上脂肪多，不怕冷；瘦的人身上脂肪少，怕冷。
5. 结冰　jié bīng　动　ice up

   冬天来了，河水结了冰。
6. 冰面　bīng miàn　名　ice surface

   冬天来了，河水结了冰，河面变成了冰面。
7. 海豹　hǎibào　名　seal, sea dog

复现词语

皮肤　ky507　　隔　jd503

练　习

一、听课文，把北极熊的特点和这些特点的用处连接起来。7-5-3

特点	用处
身上有厚厚的毛	在冰面上滑得很快，却不会摔倒
皮肤是黑色的	保持身体的温度
有一层厚厚的脂肪	把寒冷隔在身体外面
脚上有很厚的毛	很容易找到吃的东西
鼻子比狗还要厉害	吸收更多的阳光，不怕冷

二、听课文，完成表格。7-5-3

	刚出生的熊宝宝	三个月后的熊宝宝
体重		
身体上的毛		
眼睛		
腿		
活动的地点		

三、再听一遍课文，判断对错。7-5-4

(　　) 1. 北极熊喜欢丘吉尔港长长的冬天。

(　　) 2. 北极熊喜欢结冰时候的丘吉尔河。

(　　) 3. 北极熊在冰面上滑得很快，但不太会游泳。

(　　) 4. 北极熊能闻得出八公里以内有没有海豹。

(　　) 5. 北极熊可能从冰面上滑过去，也可能从冰面下游过去抓住海豹。

(　　) 6. 北极熊抓到海豹时，海豹往往没有准备。

(　　) 7. 小北极熊一般在二月出生。

(　　) 8. 小北极熊出生的洞里气温比外面低二十多度。

四、听句子，并跟读。7-5-5

6 长臂猿的猴妈妈

词语和用例 7-6-1

1. 长臂猿	chángbìyuán	名	gibbon
2. 养父母	yǎngfùmǔ	名	foster parents
3. 对待	duìdài	动	treat

幼儿园的老师像对待自己的孩子一样关心小朋友们。

复现词语

难受 ky504　　怀 ky507

练　习

一、听课文，回答问题。 7-6-3

1. 为什么猴妈妈很可怜？
2. 为什么小长臂猿很可怜？
3. 后来问题是怎么解决的？

二、听课文，判断对错。 7-6-4

(　　) 1. 猴妈妈不知道自己的宝宝死了，走到哪里都抱着死去的小猴。

(　　) 2. 猴妈妈不停地发出悲痛的叫声，是因为工作人员把小猴抱走了。

(　　) 3. 猴妈妈很伤心，连东西也不想吃。

(　　) 4. 长臂猿妈妈小时候没有得到自己妈妈的照顾。

(　　) 5. 长臂猿妈妈把小长臂猿扔掉了。

(　　) 6. 长臂猿妈妈不愿意照顾自己的小宝宝。

(　　) 7. 猴妈妈一见到小长臂猿就很开心。

(　　) 8. 猴妈妈把小长臂猿照顾得很好。

(　　) 9. 猴妈妈和小长臂猿互相都很喜欢对方。

(　　) 10. 工作人员的办法是一个好办法。

三、听句子，完成填空。 7-6-5

1. 她________________死去的小猴，并且不停地发出悲痛的叫声，让人听了心里难受。
2. 猴妈妈整天都很伤心，________________。
3. 小长臂猿刚生下来，妈妈就把它往旁边一扔，________________，根本不理它。
4. 工作人员把小长臂猿抱到妈妈身边，妈妈不但________________，还把小长臂猿往外推，好像很讨厌这个孩子。
5. 猴妈妈飞快地跳下树，把小长臂猿__________，__________，好像在说："别怕别怕！没事儿！"
6. 猴妈妈每天都抱着这只小长臂猿，________________，就好像是对待自己的孩子一样。

四、复述：分别复述一下猴妈妈和长臂猿妈妈是怎么对待小长臂猿的。

五、讨论。

1. 你觉得猴妈妈为什么要照顾小长臂猿？她知道这不是自己的孩子吗？
2. 小长臂猿知道猴妈妈其实并不是自己的妈妈吗？

8 加班

LESSON EIGHT

1 公共汽车司机小向

词语和用例 8-1-1

1. 除夕　chúxī　名　the Chinese New Year's Eve, Spring Festival Eve

2. 团圆　tuányuán　动　reunite

   除夕是中国人全家团圆的日子。

3. 守岁　shǒu suì　动　stay up late or all night on New Year's Eve

   除夕夜，我们一起守岁迎接新年。

4. 乘客　chéngkè　名　passenger

   公共汽车上有几位乘客。

5. 压岁钱　yāsuìqián　名　money given to a child as a lunar New Year gift

   除夕，大人们会给孩子一些压岁钱，希望孩子新年健康幸运。

复现词语

假期　jd508	温暖　jd505	亲友　jd504
塞　jd505	红包　jd502	崭新　jd506

练　习

一、听课文，回答问题。8-1-3

1. 大部分人在除夕夜做什么，小向除夕夜做什么？
2. 小向的妈妈对于儿子的工作是什么态度？
3. 小向对自己的工作有什么看法？

二、听课文，选择正确的答案。8-1-4

(　　) 1. 小向今年除夕要工作几个小时？

A. 四小时

B. 六小时

C. 八小时

D. 十二小时

(　　) 2. 小向今年春节可以休息几天？

A. 一天

B. 三天

C. 七天

D. 不知道

(　　) 3. 关于小向的妈妈，下面哪一项是正确的？

A. 她每年都让小向回家

B. 她每年都不让小向回家

C. 她每年都去陪小向过春节

D. 她每年都去陪小向加班

(　　) 4. 小向前年除夕加班时发生了一件什么事？

A. 一位乘客给他十块钱压岁钱

B. 一位乘客上车时多给了他十块钱

C. 他奶奶给他十块钱压岁钱，希望他新年顺利

D. 一位老奶奶向他要压岁钱

(　　) 5. 老奶奶为什么给小向压岁钱？

A. 她觉得小向不能回家过年，很可怜

B. 她希望小向新年顺利

C. 她专门为小向准备了压岁钱

D. 她觉得小向工作起来很有劲，很好

(　　) 6. 拿到老奶奶给的压岁钱，小向为什么感到温暖和幸福？

A. 他发现老奶奶很喜欢他

B. 老奶奶让他想到了自己的奶奶

C. 他得到了一件新年礼物

D. 这表示乘客理解他的工作

三、听句子，完成填空。 8-1-5

1. 没办法和家人一起过除夕，小向觉得很遗憾，可是＿＿＿＿＿＿＿＿。
2. 小向因为要加班，从来也没有好好地跟母亲一起＿＿＿＿＿＿＿＿。
3. 母亲＿＿＿＿＿＿＿＿，她总是说：工作第一。
4. 除了母亲的支持，乘客们的理解也让小向＿＿＿＿＿＿＿＿。
5. 这是奶奶专门为你准备的，你＿＿＿＿＿＿＿＿。

2 护士小潘

词语和用例 8-2-1

1. 急诊　　jízhěn　　名　　emergency treatment

他半夜突然肚子痛得受不了，被送到了医院的急诊科。

她是医院急诊科的护士。

2. 急救　　jíjiù　　动　　give first aid

这个病人情况严重，需要急救。

3. 积累　　jīlěi　　动　　accumulate

积累经验　积累知识

她平时工作忙，没时间休息，所以积累了不少假期。

复现词语

家常便饭　ky508　　国庆节　jd508　　按　jd506

休假　ky508

练　习

一、听课文，注意数字和时间，完成填空。 8-2-3

你看，这个国庆节，光10月1日那天，从＿＿＿＿＿＿到＿＿＿＿＿＿，医院的“＿＿＿＿”急救车就出去了＿＿＿＿次，每一次都需要小潘和同事们马上开始急救工作。下午＿＿＿＿，小潘正准备下班，又接到一个电话。小潘和同事们立刻出去急救，然后把病人带回医院。因为这个病人，小潘一直工作到＿＿＿＿＿＿＿＿才下班。

二、听课文，判断对错。 8-2-4

(　　) 1. 10月1日，因为有急救病人，小潘回家后又来医院加班。

(　　) 2. 小潘只有在孩子生病的时候，才会请假。

(　　) 3. 小潘毕业至今已经12年了，每年只回家一次。

(　　) 4. 小潘和同事有很多假期，但是他们没时间休息。

(　　) 5. 小潘的时间都给了重病的病人。

(　　) 6. 小潘工作最大的快乐是把病人救活。

三、听写句子。 8-2-5

1. ______________________________

2. ______________________________

3. ______________________________

四、讨论。

1. 如果你是小潘，这样长时间没有休息日，你会不会受不了？为什么？
2. 如果你的孩子生病需要你在家陪着，你的工作又比较紧张，你会选择请假陪孩子还是让孩子自己一个人在家里？为什么？
3. 如果你是小潘的家人，你会支持她的工作还是希望她换一个工作？为什么？

3 环卫工人罗阿姨

词语和用例 8-3-1

1. 环卫　　huánwèi　　形　　(environmental) sanitary

她是一名城市环卫工人。

2. 吐痰　　tǔ tán　　动　　spit

不要随地吐痰。

3. 尊重　zūnzhòng　动　respect

我们要尊重别人的劳动。

练　习

一、听课文，判断对错。8-3-4

(　　) 1. 罗阿姨每天负责郊区两条马路的卫生工作。

(　　) 2. 对罗阿姨来说，加班是很平常的事情。

(　　) 3. 节日期间，罗阿姨的工作比平时轻松一些。

(　　) 4. 罗阿姨不怕累，只怕人们不理解她的工作。

(　　) 5. 罗阿姨的工作又脏又累，又让人看不起，所以她不想做了。

(　　) 6. 罗阿姨的儿子明年要考大学，她想多挣点儿钱，给儿子上学用。

二、听句子，完成填空。8-3-5

1. 别人休息，她加班，这是________________的事情了。
2. 有些人看到街上不干净，就说环卫工人________________，看到街上干净，又说环卫工人工作轻松，________________。还有一些人随地吐痰，乱扔垃圾，___________________环卫工人的劳动。
3. 她从今天早上5点开始就没有休息过，一直在__________，垃圾车__________了，就要马上__________附近的垃圾站去。

三、听句子，并跟读。8-3-6

四、复述：假设你是罗阿姨的儿子，请你分别讲一下罗阿姨平时和节假日的工作情况。

4 白领小孙

词语和用例 8-4-1

1. 备忘 bèiwàng 名 memorandum

他把要做的事情都记在备忘上，这样不容易忘记。

2. 步 bù 量 step

车站不远，走几步路就到了。

复现词语

外企 jd506　　年薪 jd504　　糟 jd501

练　习

一、听课文，选择正确的答案。 8-4-4

(　　) 1. 关于小孙，下面哪一个不正确？

A. 她今年31岁

B. 她毕业后在一家外企工作

C. 她是客户服务部经理

D. 她年薪20万

(　　) 2. 小孙的压力很大，下面哪一个不能说明这一点？

A. 她每天的工作多得不得了

B. 她忙的时候要加班到深夜

C. 她周末还要写报告

D. 很多人都很羡慕她

(　　) 3. 小孙每天要做很多事，下面哪一件课文中没有提到？

A. 早上醒来后看前一天夜里写的备忘

B. 下班前决定这一天的加班内容

C. 睡觉前做好第二天的工作计划

D. 每天都回家

(　　) 4. 关于小孙现在的情况，下面哪一个课文中没有提到？

A. 她在家里休息

B. 她很后悔以前工作时太拼命了

C. 她决定要换一个轻松一点儿的工作

D. 她对未来没有信心

二、听课文，回答问题。8-4-3

1. 三年前的一个早上，小孙的身体怎么了？
2. 小孙去看了医生，医生怎么说？
3. 过了一段时间，小孙的身体有什么变化？有哪些具体的表现？
4. 对于以前的工作，小孙现在是怎么想的？

三、听句子，并跟读。8-4-5

四、讨论。

1. 年薪高但压力特别大的工作，和年薪一般但比较轻松的工作，你选择哪一种？为什么？
2. 你选择工作时，会不会考虑实际的工作时间（比如是否需要加班，是否需要出差）？为什么？

5 快乐加班的小白

词语和用例 8-5-1

皱纹　zhòuwén　名　wrinkle

老奶奶满脸都是皱纹。

女人都害怕有皱纹。

复现词语

幸运 jd508　惊讶 jd506　美容卡 ky504

化妆 jd504

练　习

一、听课文，选择正确的答案。8-5-4

(　　) 1. 小白在大学里怎么样？

A. 学习很紧张

B. 自己的时间很少

C. 不会玩儿，不会享受

D. 很会玩儿，很会享受

(　　) 2. 小白工作后怎么样？

A. 收入不高

B. 常常加班

C. 有许多自己的时间

D. 慢慢适应了工作

(　　) 3. 一个大学同学遇到小白，认为小白怎么样？

A. 老了很多

B. 皱纹少了

C. 很失败

D. 很快乐

(　　) 4. 下面哪一个不是小白的决定？

A. 改变工作时的心情

B. 改变工作习惯

C. 改变工作地点

D. 把加班变成快乐的事

二、听课文，回答问题。 8-5-3

1. 小白决定从什么开始改变自己？
2. 小白花了一个月的加班费做什么？
3. 花了这些钱以后，小白有什么变化？
4. 每天加班前，小白要做什么？
5. 加班时，小白主要做什么？
6. 工作完回到家，小白做什么？
7. 现在的小白有什么变化？

三、听下面的话，完成填空。 8-5-5

小白在办公室养了几盆花。每天晚上加班前，她会先去______那些花，______花香，然后再回到桌子前，喝一杯______的咖啡，这才开始认真地工作。加班时，小白也不给自己太大的压力，主要是把白天来不及做的工作做完，或者________________第二天的工作，或者______跟工作有关的书。

工作完回到家，小白要让自己________________地放松。她会______洗个澡，______轻松的音乐，然后________________地喝一杯牛奶，______地睡一觉。第二天，小白又________________地去上班了。

四、复述：假设你是课文中的小白，请复述一遍你的生活。

6 不再加班的小林

复现词语

抽烟 ky501　　资料 jd501　　提醒 ky508

甜蜜 jd508　　多余 jd505

练　习

一、听课文，完成表格。（把字母填入表格） 8-6-2

A. 有女朋友　B. 跟朋友锻炼身体　C. 周末睡到自然醒　D. 上班时聊天

E. 常常约会　F. 没女朋友　G. 上班时上网　H. 上班时认真工作

I. 不急不忙地工作　J. 有时间看小说　K. 上班时抽烟

小林经常加班时	
小林不再加班时	

二、听课文，回答问题。 8-6-2

1. 以前小林为什么经常加班？
2. 后来小林为什么不加班了？
3. 小林用什么方法来保证自己在下班前把事情都做完？
4. 小林很少加班后，工作有没有受到影响？

三、听句子，并跟读。 8-6-3

四、复述：再听一遍课文，假设你是小林的女朋友，讲一讲小林的故事。

词语表 Vocabulary

A

按	àn	1
按钮	ànniǔ	1

B

白惨惨	báicǎncǎn	2
白炽灯	báichìdēng	2
宝宝	bǎobao	4
北极熊	běijíxióng	7
备忘	bèiwàng	8
蝙蝠	biānfú	1
冰面	bīng miàn	7
补觉	bǔ jiào	1
补助	bǔzhù	5
步	bù	8

C

测试	cèshì	4
长臂猿	chángbìyuán	7
长颈鹿	chángjǐnglù	1
成熟	chéngshú	3
乘客	chéngkè	8
翅膀	chìbǎng	7
出差	chū chāi	6
初中	chūzhōng	3
除非	chúfēi	1
除夕	chúxī	8
穿着	chuānzhuó	4
雌性	cíxìng	7
刺	cì	1
刺猬	cìwei	1

D

打工	dǎ gōng	4
打呼噜	dǎ hūlu	1
打雷	dǎ léi	1
对待	duìdài	7

F

发霉	fā méi	2
反射	fǎnshè	2
方向	fāngxiàng	1
疯狂	fēngkuáng	5
福利	fúlì	4

G

孤单	gūdān	3
固定	gùdìng	4
罐	guàn	4
果仁	guǒrén	7
果汁	guǒzhī	6

H

海报	hǎibào	5

海豹	hǎibào	7
海豚	hǎitún	1
合作	hézuò	5
红彤彤	hóngtóngtóng	2
户口	hùkǒu	6
化	huà	2
画家	huàjiā	1
怀孕	huái yùn	6
还价	huán jià	4
环卫	huánwèi	8
灰蒙蒙	huīméngméng	2

J

积累	jīlěi	8
急救	jíjiù	8
急诊	jízhěn	8
寂寞	jìmò	5
加班	jiā bān	1
坚果	jiānguǒ	7
简直	jiǎnzhí	7
结冰	jié bīng	7
救济金	jiùjìjīn	4
聚会	jùhuì	5

K

卡片	kǎpiàn	5
康乃馨	kāngnǎixīn	5
靠近	kàojìn	7
空间	kōngjiān	2

L

老太太	lǎotàitai	3
雷打不动	léi dǎ bú dòng	1
冷清	lěngqing	2
礼品	lǐpǐn	5
轮子	lúnzi	1
率	lǜ	3

M

买手	mǎishǒu	6
猫头鹰	māotóuyīng	1
煤灰	méihuī	2
美洲虎	měizhōuhǔ	7
免谈	miǎn tán	4
面谈	miàntán	5

N

奶粉	nǎifěn	4
男生	nánshēng	5
尿布	niàobù	4
浓烟	nóng yān	7
女生	nǚshēng	5
女婿	nǚxu	3

O

偶尔	ǒu'ěr	4

P

疲劳	píláo	1
拼图	pīntú	1
平安夜	píng'ānyè	5
蒲公英	púgōngyīng	6

Q

情愿	qíngyuàn	3

R

热量	rèliàng	6
认	rèn	2
绒布	róngbù	2
揉	róu	7

S

鲨鱼	shāyú	7
商品	shāngpǐn	6
设计	shèjì	5
时差	shíchā	6
事故	shìgù	2
守岁	shǒu suì	8
树枝	shùzhī	7
数量	shùliàng	2
帅	shuài	3
碎片	suìpiàn	1

T

特点	tèdiǎn	1
题目	tímù	5
体重	tǐzhòng	6
天空	tiānkōng	2
调色板	tiáosèbǎn	2
透支	tòuzhī	4
吐痰	tǔ tán	8
团圆	tuányuán	8
推车	tuīchē	4
推荐	tuījiàn	3

W

玩具	wánjù	1
网	wǎng	1
微波炉	wēibōlú	5
胃病	wèi bìng	6
胃口	wèikǒu	2
温和	wēnhé	3
乌鸦	wūyā	7
无聊	wúliáo	1
舞厅	wǔtīng	5
误点	wù diǎn	6

X

吸收	xīshōu	2
现金	xiànjīn	4
相差	xiāng chà	1
相亲	xiāng qīn	3

项目	xiàngmù	5
笑容	xiàoróng	5
效率	xiàolǜ	6
写真	xiězhēn	4
心意	xīnyì	5
心脏病	xīnzàngbìng	1
凶恶	xiōng'è	7
休学	xiū xué	4
血型	xuèxíng	1

Y

压岁钱	yāsuìqián	8
烟花	yānhuā	5
研究生	yánjiūshēng	5
阳台	yángtái	5
养父母	yǎngfùmǔ	7
移民	yí mín	6
银色	yín sè	2
引起	yǐnqǐ	2
隐私	yǐnsī	3
游	yóu	7
月余族	yuèyúzú	4

Z

增长	zēngzhǎng	4
挣	zhèng	1
脂肪	zhīfáng	7
直升飞机	zhíshēng fēijī	1
皱纹	zhòuwén	8
自杀	zìshā	2
自以为	zì yǐwéi	3
总裁	zǒngcái	3
尊重	zūnzhòng	8
做菜	zuò cài	5
做媒	zuò méi	3

专有名词

B

巴黎	Bālí	6
北京	Běijīng	6
比尔•盖茨	Bǐ'ěr · Gàicí	3

C

长城	Chángchéng	6

D

达•芬奇	Dá · Fēnqí	1
东京	Dōngjīng	6

F

父亲节	Fùqīn Jié	5
富兰克林	Fùlánkèlín	2

G

广州	Guǎngzhōu	6

J		
加拿大	Jiānádà	7
K		
肯德基	Kěndéjī	5
L		
蓝山	Lánshān	6
陆家嘴	Lùjiāzuǐ	5
伦敦	Lúndūn	6
罗布	Luóbù	7
M		
迈克	Màikè	5
母亲节	Mǔqīn Jié	5
N		
纽约	Niǔyuē	6

Q		
丘吉尔港	Qiūjí'ěr Gǎng	7
R		
瑞士	Ruìshì	6
S		
上海	Shànghǎi	6
W		
微软	Wēiruǎn	3
X		
西安	Xī'ān	6
香港	Xiānggǎng	6
Y		
意大利	Yìdàlì	1

关于本教材涉及的有关著作权说明

为了尽可能保证语言的自然和真实性，本教材的课文（包括正课文和相关阅读）都是在真实文本的基础上改写而成的。

由于时间、地域等多方面的原因，我们在没有与权利人取得联系的情况下就使用并改写了有关作者的作品。对外汉语教学或者说汉语的国际推广是中华民族的一项事业，我们希望能得到您的理解和支持。由于教学的需要，我们对您作品的改动很可能使您的作品失去了不少原有的光彩，希望您能谅解。另外，有些作品由于不清楚作者的信息，所以没有署上作者的名字，也请您谅解。

为了尊重原作者的著作权，在此特委托北京版权代理有限责任公司向权利人转付稿酬。请您与北京版权代理有限责任公司联系并领取稿酬。领取稿酬时请提供相关资料：① 本人身份证明，② 作者身份证明。

联系方式如下：

北京版权代理有限责任公司

地　址：北京市海淀区知春路 23 号 量子银座 1403 室

电　话：010－82357056/7/8－229/230

传　真：010－82357055

联系人：吴文波　方芳

编　者

拾级汉语

综合

拾级汉语（第01级）	起步课本	ISBN 978-7-5619-1713-8	28.00	另售CD(2)
拾级汉语（第01级）	综合课本	ISBN 978-7-5619-1740-4	42.00	另售CD(2)
拾级汉语（第02级）	综合课本	ISBN 978-7-5619-1939-2	49.00	另售CD(2)
拾级汉语（第03级）	综合课本	ISBN 978-7-5619-2356-6	39.00	另售CD(2)
拾级汉语（第04级）	综合课本	ISBN 978-7-5619-2368-9	56.00	另售CD(2)

听说

拾级汉语（第01-02级）	听说课本	即将出版		
拾级汉语（第03-04级）	听力课本	即将出版		
拾级汉语（第05级）	听力课本	ISBN 978-7-5619-3446-3	62.00	随书MP3(1)
拾级汉语（第06级）	听力课本	ISBN 978-7-5619-0847-1	69.00	随书MP3(1)
拾级汉语（第07级）	听力课本	ISBN 978-7-5619-3342-8	69.00	随书MP3(1)
拾级汉语（第08级）	听力课本	ISBN 978-7-5619-3341-1	72.00	随书MP3(1)
拾级汉语（第03-04级）	口语课本	即将出版		
拾级汉语（第05级）	口语课本	ISBN 978-7-5619-3299-5	43.00	随书MP3(1)
拾级汉语（第06级）	口语课本	ISBN 978-7-5619-3300-8	43.00	随书MP3(1)
拾级汉语（第07级）	口语课本	ISBN 978-9-5619-3391-6	45.00	随书MP3(1)
拾级汉语（第08级）	口语课本	ISBN 978-9-5619-3417-3	45.00	随书MP3(1)
拾级汉语（第09级）	社会焦点	ISBN 978-7-5619-1982-8	24.00	另售CD(2)
拾级汉语（第10级）	社会焦点	ISBN 978-7-5619-2308-5	30.00	另售CD(2)
拾级汉语（第09级）	新闻听力	ISBN 978-7-5619-1690-2	26.00	另售磁带(2)/CD(2)
拾级汉语（第10级）	新闻听力	ISBN 978-7-5619-1786-2	26.00	另售CD(2)

读

拾级汉语（第05级）	精读课本	ISBN 978-7-5619-1900-2	32.00	另售CD(2)
拾级汉语（第06级）	精读课本	ISBN 978-7-5619-1901-9	32.00	另售CD(2)
拾级汉语（第07级）	精读课本	ISBN 978-7-5619-1918-7	32.00	另售CD(2)
拾级汉语（第08级）	精读课本	ISBN 978-7-5619-1928-6-01	38.00	随书MP3(1)
拾级汉语（第09级）	精读课本	ISBN 978-7-5619-3253-7	52.00	随书MP3(1)
拾级汉语（第10级）	精读课本	ISBN 978-7-5619-3275-9	59.00	随书MP3(1)
拾级汉语（第03-04级）	泛读课本	即将出版		
拾级汉语（第05级）	泛读课本	ISBN 978-7-5619-2292-7	35.00	
拾级汉语（第06级）	泛读课本	ISBN 978-7-5619-2271-2	35.00	
拾级汉语（第07级）	泛读课本	ISBN 978-7-5619-2272-9	35.00	
拾级汉语（第08级）	泛读课本	ISBN 978-7-5619-2294-1	35.00	

写

拾级汉语（第01级）	写字课本（附汉字练习本）	ISBN 978-7-5619-2142-5	38.00
拾级汉语（第02级）	写字课本（附汉字练习本）	ISBN 978-7-5619-3415-9	49.00
拾级汉语（第03级）	写作课本（附写作练习本）	ISBN 978-7-5619-2519-5	28.00
拾级汉语（第04级）	写作课本（附写作练习本）	ISBN 978-7-5619-2844-8	32.00
拾级汉语（第05级）	写作课本（附写作练习本）	ISBN 978-7-5619-2972-8	32.00
拾级汉语（第06级）	写作课本（附写作练习本）	ISBN 978-7-5619-3099-1	33.00
拾级汉语（第07级）	写作课本（附写作练习本）	ISBN 978-7-5619-3037-3	35.00
拾级汉语（第08级）	写作课本（附写作练习本）	ISBN 978-7-5619-3042-7	35.00

北京语言大学对外汉语
教材研发中心规划项目
对外汉语长期进修教材

第5级

LEVEL CHINESE
拾级汉语

主编：陶炼　高顺全　吴中伟　　编著：顾颖

听力课本
Listening Textbook

文本与参考答案 *Scripts and Answers for Reference*

北京语言大学出版社
BEIJING LANGUAGE AND CULTURE
UNIVERSITY PRESS

Contents

目录

Contents

Contents

睡眠

1 LESSON ONE

1 有趣的闹钟

导听 1-1-2

你是不是遇到过这种情况：早晨被闹钟叫醒了，可是你还是很想睡，于是你把闹钟的声音关掉，然后接着睡，结果就睡过头了？对此你有什么好办法吗？下面的课文给你介绍了几种闹钟，也许能帮助你不让这样的事情发生。

课文 1-1-3

第一种闹钟，它比普通的闹钟多了两个轮子。时间一到，闹钟响起来的同时，轮子也动起来，闹钟就像一辆玩具小汽车一样在桌面上开起来了。它不但能在桌面上开，还能从桌子上跳到地上，在地上接着开。它开得很快，如果有东西挡住了它的路，它还能自动改变方向。它一边开一边不停地响着。你一定要从床上坐起来，睁大眼睛看清楚，然后下床去追，才能把它关掉。

第二种闹钟，样子很像直升飞机。时间一到，它就会飞起来，飞得又快又灵活，一边飞一边不停地响着。你要跟着它跑来跑去才能追到它，把它关掉。如果你不管它，它最后会找到你的头，直接掉下来，把你砸醒！

第三种闹钟，它的上面有一幅拼图。每次闹钟响起来的时候，拼图上的每一块都会从闹钟身上跳起来，掉在桌子上或者地上。你要把它们一块块捡起来，重新拼好，装在闹钟的上面，才能把闹钟关掉。

第四种闹钟，它的身上有几十个按钮，在这几十个按钮中，只有一个能使它安静下来。到底哪个才有用呢？告诉你吧，每天都不一样！而且每次只能按下一个按钮，所以，你每天都要试好几次、十几次，甚至几十次才能按对。

如果你常常在闹钟响了以后把它关掉，然后继续睡觉，醒来时却发现时间已经来不及了。那你可以去试一试上面几种闹钟。说不定它们还真能帮助你呢！

练　习

一、听课文，判断下面的图片分别是课文中介绍的第几种闹钟。 1-1-3

1. 

（第三种）

2. 

（第一种）

3. 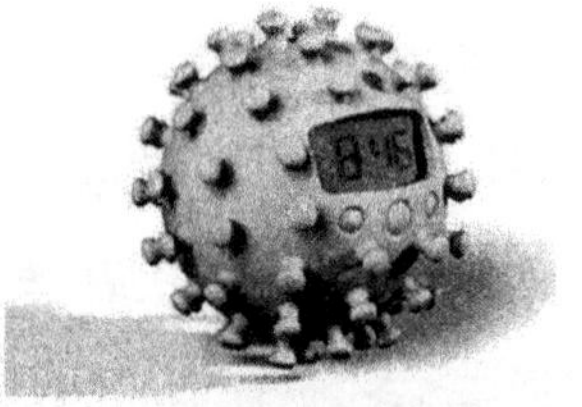

（第四种）

4. 

（第二种）

二、听课文，回答问题。1-1-3

1. 怎么样才可以关掉第一种闹钟？

   从床上坐起来，睁大眼睛看清楚，然后下床去追，才能把它关掉。

2. 怎么样才可以关掉第二种闹钟？

   跟着它跑来跑去才能追到它，把它关掉。

3. 怎么样才可以关掉第三种闹钟？

   把拼图的小片一块块捡起来，重新拼好，装在闹钟的上面，才能把它关掉。

4. 怎么样才可以关掉第四种闹钟？

   要按下闹钟身上的一个按钮。但是几十个按钮中到底哪一个有用，每天都不一样。所以每天都要试好几次、十几次，甚至几十次才能按对。

三、再听一遍课文，选择正确的答案。1-1-4

（ A ）1. 关于第一种闹钟，下面哪一个是正确的？

A. 闹钟一响，就会像小汽车一样开起来

B. 闹钟一响，就会从桌子上跳到地上

C. 你一伸手去关闹钟，闹钟就会在桌子上开起来

D. 闹钟能自动改变方向，最后常常开到床下

（ D ）2. 关于第二种闹钟，下面哪一个是正确的？

A. 如果不关掉，它会在房间里走来走去

B. 如果不关掉，它会掉到床上

C. 如果不关掉，它会飞到房间外面去

D. 如果不关掉，它会掉到你的头上

（ C ）3. 关于第三种闹钟，下面哪一个是正确的？

A. 闹钟一响，它就会跳起来

B. 闹钟一响，它就会从桌子上掉到地上

C. 闹钟一响，闹钟上的拼图就会跳起来

D. 闹钟一响，你就应该玩儿拼图

（ C ）4. 关于第四种闹钟，下面哪一个是正确的？

A. 只有两个按钮是有用的

B. 每一次最多可以按下两个按钮

C. 每一次有用的按钮都不一样

D. 你要记住上次按的是哪个按钮

四、听句子，完成填空。 1-1-5

1. 闹钟响起来的同时，轮子也动起来，闹钟就像一辆玩具小汽车一样在桌面上开起来了。
2. 它的样子很像直升飞机，时间一到，它就会飞起来，飞得又快又灵活，一边飞一边不停地响着。
3. 你要把它们一块块捡起来，重新拼好，装在闹钟的上面，才能把闹钟关掉。
4. 你每天都要试好几次、十几次，甚至几十次才能按对。

2 血型与睡眠特点

导 听

1-2-2

每个人都要睡觉，但每个人的睡眠又各有特点，有的人睡得多，有的人睡得少，有的人睡得深，有的人睡得浅。听说，这些不同的睡眠特点跟人的血型有关。让我们一起来听听O型血、A型血、B型血和AB型血的人分别有哪些不同的睡眠特点吧！

课 文

1. O 型。O 型血的人睡眠质量非常高。只要睡眠时间一到，他们马上就能睡着。他们可以连续睡上三天三夜，也可以三天三夜不睡觉。

2. A 型。A 型血的人睡眠很浅。只要周围有一点点声音，他们马上就会醒。因此，A 型血的人经常睡不好。他们总是坚持到最后，实在困得不行了才睡。

3. B 型。B 型血的人在哪儿都能睡着，在哪儿都能睡得很香。不论白天发生了什么让人不愉快的事情，只要睡眠时间一到，他们就会暂时忘记这一切，安心地睡觉。夏天的夜里，即使打雷下雨，B 型血的人也很可能完全不知道。

4. AB 型。AB 型的人多半睡眠不足。因为他们经常很晚才上床，而且夜里很容易醒，然后就睡不着了。所以，他们白天经常会在公共汽车上、课堂上睡着。

练 习

一、听课文，把下面的几种血型和这种血型的睡眠特点连接起来。

O 型	在哪儿都能睡着，而且睡得很香
A 型	多半睡眠不足
B 型	睡眠质量非常高
AB 型	睡眠很浅

二、听课文，记录各种血型的人的睡眠习惯有哪些具体表现。

O 型：睡眠时间一到马上就能睡着。可以连续睡上三天三夜，也可以三天三夜不睡觉。

A 型：只要周围有一点点声音就会醒，经常睡不好。总是困得不行了才睡。

B 型：不管发生什么，睡眠时间一到就能安心地睡觉。即使打雷下雨也很可能不知道。

AB 型：很晚才上床，夜里很容易醒，然后就睡不着了。白天会在车上、课堂上睡着。

三、再听一遍课文，判断下面几个人可能是什么血型？ 1-2-4

（ A 型 ）1. 旁边有人翻书就会醒来。

（AB 型）2. 很晚才睡，刚睡着就被朋友的电话吵醒了，然后就再也睡不着了。

（ O 型 ）3. 为了工作好几个晚上没好好睡觉，工作一结束，他连续睡了两天两夜。

（ A 型 ）4. 如果不是特别困就不肯睡觉。

（ B 型 ）5. 考试考得很差，心情不好。但到了晚上还是睡得很好。

（ B 型 ）6. 在公共汽车上、火车上、飞机上、朋友家或饭店里都能睡着。

（AB 型）7. 晚上总是睡不好，所以白天总是很困，在哪儿都能睡着。

（ B 型 ）8. 晚上下了大雷雨也一点儿都不知道。

3 小李的“周末两觉”

导 听 1-3-2

如果你很累，别人可能会对你说：“你去睡一觉吧！”意思是好好休息一下。如果你碰到小李，他一定会对你说：“快去睡觉，记住，是两觉，一觉不够！”他到底是什么意思呢？请听课文。

课 文 1-3-3

小李是公司职员，工作比较忙。加班是经常的事，即使不加班，还要跟好朋友打球，跟女朋友约会，时间总是不够用。每天晚上，小李最多睡六到七个小时。一个星期下来，到了周末，小李就觉得自己累得不行了。因此，除非公司里有特别重要的事，小李周六上午雷打不动是要睡觉的。不到吃午饭，他是不会起床的。吃完午饭，小李不是在家看电视，也不是出去玩儿，他还要接着再睡一觉。

小李认为，人很累的时候，只补一觉是不够的，要接着再补一觉，这样才行。小李喜欢用钱来做例子。他说，补第一觉只是恢复以前的疲劳，这就像把借别人的钱还掉，自己还是没钱。补第二觉才是为以后的工作和生活做准备，这就像把钱还掉后，还要再挣一点儿钱，否则很可能马上又要向别人借钱了。所以，如果有人说自己累，小李就会对他说："快去睡觉，记住，是两觉，一觉不够！"

小李自己就是这么做的。如果周六下午有事不能睡，那么他一定会在周日上午接着补这第二觉。每个周末，只有在第二个好觉之后，小李才会满意地说："嗯，现在恢复得差不多了！"也只有在那个时候，女朋友才会愿意跟他一起看电影、买东西。否则，小李一定会在女朋友的耳朵旁边不停地说："哎呀，还缺一觉，还要再睡一觉，再睡一觉才好！"把女朋友约会的好心情都说没了！

练 习

一、听课文，选择正确的答案。 1-3-4

（ B ）1. 关于小李，下面哪一个是正确的？

A. 每天晚上都觉得很累

B. 每到周末就觉得很累

C. 经常陪朋友打球，跟女朋友约会

D. 每天最少睡六到七个小时

(C) 2. 小李周六上午一般干什么？

A. 只要不打雷，小李就在睡觉

B. 就算打雷，小李也要去加班

C. 如果不需要加班，就是在睡觉

D. 先好好睡一觉，然后陪女朋友

(B) 3. 小李一般什么时候补他的第二觉？

A. 周六上午

B. 周六下午

C. 周日上午

D. 周末陪女朋友看完电影

(A) 4. 小李用钱做例子说明他“睡两觉”的道理时，下面哪一个是正确的？

A. 只睡一觉，就像把借别人的钱还掉，自己还是没有钱

B. 只睡一觉，就像只挣了一点儿钱，还不够还钱

C. 睡第二觉，就像挣了很多钱，可以把钱还掉

D. 睡第二觉，就像挣了很多钱，可以借钱给别人

(B) 5. 如果你很累，小李可能会给你哪种建议？

A. 马上去睡一觉

B. 睡一觉不够，要睡两觉

C. 到周末好好睡一觉

D. 马上睡一觉，到周末再睡一觉

二、听课文，回答问题。 1-3-3

1. 为什么每到周末，小李就累得不行了？

因为他经常加班。不加班时跟好朋友打球，跟女朋友约会。每天最多睡六到七个小时。

2. 到了周末，小李怎么补他的两觉？

周六上午雷打不动睡觉，到中午才起床。吃完午饭接着睡觉。

3. 如果周六下午有事没办法补第二觉，他会怎么做？

如果周六下午没有睡觉，那么他会在周日上午接着睡。

4. 如果还没补好第二觉就陪女朋友去玩儿，小李会怎么样？

如果还没睡第二觉就陪女朋友去玩儿，小李就会在女朋友的耳朵旁边不停地说："哎呀，还缺一觉！还要再睡一觉，再睡一觉才好！"

三、听句子，并跟读。 1-3-5

1. 除非公司里有特别重要的事，小李周六上午雷打不动是要睡觉的。
2. 吃完午饭，小李不是在家看电视，也不是出去玩儿，他还要接着再睡一觉。
3. 补第一觉只是恢复以前的疲劳，但这就像把借别人的钱还掉，自己还是没钱。
4. 补第二觉才是为以后的工作和生活做准备，这就像把钱还掉后，还要再挣一点儿钱，否则很可能马上又要向别人借钱了。
5. 小李会不停地说："哎呀，还缺一觉，还要再睡一觉，再睡一觉才好！"把女朋友约会的好心情都说没了！

4 关于睡眠的知识

导 听

1-4-2

你每天都要睡觉，也每天都在睡觉，但是关于睡眠，你了解多少呢？你有关睡眠的看法有多少是正确的呢？请听课文。

课 文

第一部分： 1-4-3

1. 睡觉时，大脑在休息。

2. 如果睡眠时间比需要的时间少一、两个小时，第二天就会没精神。

3. 人感到困，可能有两个原因，一个是睡眠不足，一个是无聊。

4. 闭着眼睛休息和睡觉的效果差不多。

5. 如果打呼噜既不影响别人也不会吵醒自己，那么就没有什么坏处。

6. 每个人每晚都会做梦。

7. 年龄越大，需要的睡眠时间越少。

8. 有时候，人虽然已经很困了，但自己并不觉得。

9. 人不可能完全适应夜里工作白天休息。

10. 多数失眠不用治也会好。

第二部分： 1-4-4

1. 睡觉时，大脑在休息。错。睡觉时，身体在休息，而大脑仍然在工作。

2. 如果睡眠时间比需要的时间少一、两个小时，第二天就会没精神。对。身体需要睡眠。大多数人每天要睡 8 个小时左右，第二天才会有好精神。

3. 人感到困，可能有两个原因，一个是睡眠不足，一个是无聊。错。只有睡眠不足才会让人困。但是，人无聊的时候容易感觉到自己很困。

4. 闭着眼睛休息和睡觉的效果差不多。错。闭着眼睛休息和睡觉的效果很不一样。

5. 如果打呼噜既不影响别人也不会吵醒自己，那么就没有什么坏处。错。如果打呼噜很严重，可能会引发心脏病。

6. 每个人每晚都会做梦。对。每个人每晚都会做梦。不过，有的人记得清清楚楚，有的人却忘得干干净净。

7. 年龄越大，需要的睡眠时间越少。错。老年人需要的睡眠时间并不比年轻人少。不过，他们白天的睡眠时间比以前多了，所以晚上的睡眠时间比以前少了。

8. 有时候，人虽然已经很困了，但自己并不觉得。对。有时候，人虽然已经很困了，但因为正在工作或者玩儿，所以不觉得困。

9. 人不可能完全适应夜里工作白天休息。对。人在半夜12点和早上6点感觉最困。所以人最需要晚上睡觉，而不是白天睡觉。

10. 大多数失眠不用治也会好。错。大多数失眠并不会自己好。而且失眠会影响你的生活，所以应该及时去治。

练习

一、听第一部分课文，根据你自己的理解，判断这些关于睡眠的看法是对还是错。 1-4-3

1. ________ 2. ________ 3. ________ 4. ________ 5. ________

6. ________ 7. ________ 8. ________ 9. ________ 10. ________

二、听第二部分课文，记录对这十个看法的对错判断和判断的理由。

1-4-4

1. ×。睡觉时，身体在休息，而大脑仍然在工作。
2. √。身体需要睡眠。大多数人每天要睡8个小时左右，第二天才会有好精神。
3. ×。只有睡眠不足才会让人困。但是，人无聊的时候容易感觉到自己很困。
4. ×。闭着眼睛休息和睡觉的效果很不一样。
5. ×。如果打呼噜很严重，可能会引发心脏病。

6. √。每个人每晚都会做梦。不过，有的人记得清清楚楚，有的人却忘得干干净净。
7. ×。老年人需要的睡眠时间并不比年轻人少。不过他们白天的睡眠时间比以前多了，所以晚上的睡眠时间比以前少了。
8. √。有时侯，人虽然已经很困了，但因为正在工作或者玩儿，所以不觉得困。
9. √。人在半夜 12 点和早上 6 点感觉最困。所以人最需要晚上睡觉，而不是白天睡觉。
10. ×。大多数失眠并不会自己好。而且失眠会影响你的生活，所以应该及时去治。

三、听第二部分课文，并跟读。 1-4-4

5 “碎片”睡眠

导 听 1-5-2

你听说过“碎片”睡眠吗？你知道什么是“碎片”睡眠吗？为什么要进行“碎片”睡眠呢？听完课文中小美、小琪、小明三个人的故事，你就会明白了。

课 文 1-5-3

和所有的人一样，小美、小琪、小明三个人也是每天都要睡觉，但他们每天六到九个小时的睡眠不是一次完成的，而是分好几次完成的。每一次几点睡，每一次睡几个小时，不一定有什么规律。他们每天的睡眠被分成了好几片，叫作“碎片睡眠”。

小美是一个自由职业者。她可以自己安排工作时间和工作地点。事实上，她的工作地点就是在自己的床上。在她那张两米宽的大床上，她工作、上网、看电视、读小说。可是，感到困了、累了的时候，她却不是在这张床上睡觉，而是靠在一张并不怎么舒服的椅子上打个盹儿，最长不超过两个小时。醒来后她就接着上床工作或者玩儿，累了再回到椅子上去睡。她说："现在我一个人，想怎么样就怎么样。以后结婚了就不可能这么自由了。我要好好享受这种自由。"

小琪大学毕业后来到这个城市，一个朋友都没有。她也没有什么爱好，每天下班回家后的时间都花在网上：在网上聊天、在网上看新闻、在网上听歌、在网上看电影、在网上打游戏……累了就睡一两个小时，醒来接着去网上玩儿，玩累了再睡一两个小时，醒来再去网上玩儿。就这样一直到天亮去上班。她说："只有在网上，我才会忘了时间，忘了黑夜。"

小明工作特别忙，没有一天不加班。为了有更多的时间工作，他想出了一个办法：每三个小时睡三十分钟。为了保证能够醒来，他每次睡觉前定五个闹钟，每个闹钟的时间相差5分钟。朋友们都说他睡得太少，他却回答说："达·芬奇你知道吧？就是那个有名的意大利画家！人家每工作四个小时睡15分钟，每天只睡90分钟！我比他睡得多多了！"

练习

一、听课文，选择正确的答案。 1-5-4

（ C ）1. 关于"碎片"睡眠的人，下面哪一个是正确的？

A. 喜欢打盹儿

B. 睡眠时间有规律

C. 睡眠时间不连续

D. 晚上经常醒来

（ B ）2. 关于小美，下面哪一个是正确的？

A. 她在椅子上工作、上网、看书，在床上睡觉

B. 她在椅子上打盹儿，在床上工作、上网、看书

C. 她家的椅子比床更舒服

D. 她很快就要结婚了

（ D ）3. 关于小琪，下面哪一个是正确的？

A. 她有很多朋友和爱好

B. 她忘了上网的时间

C. 她上完网才去睡觉

D. 她睡觉醒来接着上网

（ B ）4. 关于小明，下面哪一个是正确的？

A. 他认识达·芬奇

B. 他睡觉前定五个闹钟

C. 他也想每天睡 90 分钟

D. 他觉得自己睡得太多了

二、听课文，回答问题。1-5-3

1. “碎片”睡眠的特点是什么？

   每天六至九个小时的睡眠不是一次完成，而是分好几次完成。

2. 小美为什么要“碎片”睡眠？

   她觉得结婚以后不可能太自由，所以现在要好好享受这种自由。

3. 小琪为什么要“碎片”睡眠？

   她觉得只有在网上才会忘了时间，忘了黑夜。

4. 小明为什么要“碎片”睡眠？

   他为了有更多的时间工作。

6 动物是怎么睡觉的

导 听 1-6-2

跟人一样，动物也要睡觉。但它们不一定像人那样躺下来睡觉。课文介绍了几种动物睡觉的样子。

课 文 1-6-3

一、长颈鹿。长颈鹿有四条腿。睡觉时，它的两条前腿跪在地上，两条后腿伸到前腿的前面，半跪半坐。它的身体和大脑都在休息，但是耳朵却不休息，仔细地听着周围的声音。

二、刺猬。刺猬睡觉的时候，不是像人一样平平地躺着，而是把整个身体卷起来，就像一个球。不过，这个球的身上长满了刺！这样，谁也不敢去碰它，它就完全不用担心自己的安全了。

三、蝙蝠。蝙蝠睡觉时，头朝下、脚朝上，身体倒挂在石头上。如果遇到危险，它马上就会从石头上掉下来，然后飞走。

四、猫头鹰。大部分鸟儿是白天活动，晚上睡觉的。可是猫头鹰不一样，它是白天睡觉，晚上活动的。而且，它睡觉的时候，两只眼睛不是同时闭上，而是一只眼睛睁着，一只眼睛闭着，两只眼睛换着休息。

五、海豚。海豚生活在水中。它睡觉的时候，每过一段时间，就要把头伸出水面呼吸。所以它不能完全睡熟，只能让左脑和右脑换着休息。海豚不管是白天还是黑夜，不管是睡着还是没睡着，总是在水里游着，而且游得很快。

六、鱼儿。鱼儿一直在水中，它们什么时候睡觉呢？其实，大部分鱼天黑以后就会睡觉。它们是在水下躺着睡的。还有一些鱼，不论是白天还是晚上，总有一段时间非常安静，那就是它们在睡觉。

练　习

一、听课文，把动物与它们睡觉的样子用线连起来。1-6-3

长颈鹿	倒挂在石头上睡
刺猬	在水下躺着睡
蝙蝠	一只眼睛睁着，一只眼睛闭着睡
猫头鹰	半跪半坐着睡
海豚	睡觉时每过一段时间会把头伸出水面呼吸
鱼儿	把身体卷起来睡

二、听课文，判断对错。1-6-4

（ × ）1. 长颈鹿睡觉的时候，耳朵听不到周围的声音。

（ √ ）2. 刺猬睡觉的时候，没有人敢去碰它。

（ × ）3. 蝙蝠遇到危险会从石头上掉下来，来不及飞走。

（ √ ）4. 猫头鹰白天睡觉，晚上活动。

（ √ ）5. 海豚不会完全睡熟，左脑和右脑换着休息。

（ × ）6. 海豚睡觉时也在水里游着，不过游得比较慢。

（ × ）7. 鱼儿们都是天黑后就睡觉。

（ √ ）8. 有的鱼每天总有一段时间很安静，那就是在睡觉。

颜　色

2 LESSON TWO

1 生活中的颜色

导　听　2-1-2

生活中到处都有颜色。不仅我们的眼睛能够看到颜色，我们的情绪也会受到颜色的影响。请听课文。

课　文　2-1-3

不同的颜色给人带来不同的感觉。有的颜色让人感到暖和，有的却让人感到凉快；有的颜色让人感到紧张，有的却让人感到放松。

红色让人感到暖和、兴奋。在红色的环境中吃饭，人们会吃得又多又快。但在同一个空间里，红色的比例不能太大。如果一个房间的四面墙都是红色，人的眼睛会感到非常累，头也会感到不舒服。

黄色最让人快乐。在浅黄色的环境中学习，人的心情会很平静，能够集中精神。黄色还有一个好处：如果一家餐厅的墙、桌子和椅子都是黄色的，客人们会觉得胃口很好，很想吃东西。

绿色和蓝色都能让人放松。人们在看了一段时间的书或者电脑后，需要停下来让眼睛休息一下。这个时候，如果能看一看绿色的植物或者风景就最好了。蓝色对失眠的人很有帮助。如果在睡觉的房间里装上一只蓝色的灯，人会比较容易睡着。但是，长时间在蓝色的环境中，人就会感到很冷清，不想吃东西。

白色让人感到干净，所以大部分房间的墙是白色的。如果在小房间里放上白色的家具，房间看起来会大一些。正因为这个，有些胖的人不爱穿白色的衣服，因为穿上白色的衣服会让他们看起来更胖。白色还能让人平静，不容易发脾气，所以在医院，最常看到的就是白色。

练　习

一、听课文，连线。 2-1-3

红色	让人感到干净
黄色	让人感到兴奋
绿色	让人感到愉快
蓝色	让人的眼睛放松
白色	让人感到冷清

二、听课文，判断对错。 2-1-4

（ × ）1. 在红色的环境中，人会不想吃东西。

（ × ）2. 如果房间的墙全是红色，人会感到非常暖和。

（ × ）3. 在黄色的环境中，人不能集中注意力。

（ √ ）4. 餐厅里适合用黄色。

（ × ）5. 绿色对失眠的人有用。

（ √ ）6. 绿色的风景对眼睛很好。

（ × ）7. 长时间在蓝色的环境中，人会比较想吃东西。

（ √ ）8. 胖的人不适合穿白色的衣服。

（ √ ）9. 白色的家具使房间看起来比较大。

（ × ）10. 在白色的环境中，人比较容易激动。

三、小王最近遇到一些问题，请你根据课文内容给他一些建议，并说明理由。

1. 小王最近常常失眠。

   他可以在他睡觉的房间里装上一只蓝色的灯，这样他会比较容易睡着。

2. 小王的新家房间比较小，但他想买的家具却不少。

   他可以在房间里多放一些白色的家具，这样房间看起来大一些。

3. 小王的眼睛越来越差，看远的东西没有以前清楚了。

   他在看了一段时间书或者电脑后，应该让眼睛休息一下，多看看绿色的植物或者风景，这样对保护视力有帮助。

4. 小王最近胃口不太好。

   他可以把餐厅里的墙、桌子和椅子都变成黄色，这样他的胃口会好一些。

5. 小王学习时不能集中精神。

   他可以把书房的墙变成浅黄色，这样他学习时就比较能够集中精神。

2 和颜色有关的两个故事

导听

2-2-2

颜色对人的心情有影响，小的可能影响胃口，严重的可能会让人不想活下去。课文中就有两个颜色影响心情的故事。

课 文 2-2-3

在一次宴会中，桌子上放满了酒和菜，客人们已经坐到了座位上，就要开始吃了。这时，主人打开了红色的灯。烤肉看上去特别好吃，可是绿色的蔬菜却变成了黑色，土豆变成了红色。突然，红灯变成了蓝灯，客人们吃惊地发现：刚才看上去很好吃的烤肉，现在好像已经烂了，土豆也好像发霉了，让人觉得很不舒服。就在这个时候，蓝灯又变成了黄灯，红红的葡萄酒看上去就像一杯杯油，客人们的脸就像死人一样。几个女客人吓得大叫起来，立刻站起来想要离开餐厅，没有一个人想吃东西了。这时，主人打开了平时常用的白炽灯，所有的食物都变回了正常的颜色，客人们这才放松下来，好心情也回来了，大家有说有笑地坐下来吃饭。

还有一个故事。以前英国有一座黑色的桥，样子很普通，跟别的桥没什么不同。但是，经常有人从这座桥上跳进河里自杀。人们都觉得奇怪。后来，有人认为可能是这座桥的颜色有问题，建议把黑色变成绿色。人们虽然不太相信，但还是这么做了。果然，从此以后，从这座桥上跳进河里自杀的人少了很多。

练 习

一、听课文，连线。 2-2-3

红色灯光	葡萄酒好像油，客人的脸像死人
蓝色灯光	一切正常
黄色灯光	烤肉好像很好吃，蔬菜成了黑色
白炽灯光	烤肉好像烂了，土豆好像发霉了

（连线：红色灯光—烤肉好像很好吃，蔬菜成了黑色；蓝色灯光—烤肉好像烂了，土豆好像发霉了；黄色灯光—葡萄酒好像油，客人的脸像死人；白炽灯光—一切正常）

二、听课文，用下面的词语复述第二个故事。 2-2-3

英国　　桥　　样子　　自杀　　颜色　　建议　　果然

三、讨论。

1. 你有没有特别讨厌或者喜欢的颜色？在你的生活中，这些颜色会影响你的心情吗？
2. 你有没有听过其他的关于颜色影响心情的故事？给大家讲一讲。

3 哪种颜色的汽车更安全

导 听 2-3-2

买车时，你可能想挑自己喜欢的颜色。但是，你是不是知道，汽车的颜色跟开车时的安全也有关系？请听课文。

课 文 2-3-3

你知道吗？汽车的颜色和开车安全有着很大的关系。北京一所大学对汽车的颜色和交通事故的关系做了研究，结果发现：白色车和银色车最安全，然后是红色车、蓝色车和绿色车，黑色车最不安全。这是为什么呢？原来，浅色的车让人感觉比较宽、大，深色的车让人感觉比较窄、小。如果有四辆车跟你的车保持相同的距离，它们分别是白色、银色、蓝色和黑色的，你会觉得白色车和银色车看起来比蓝色车和黑色车更大、更近，因此白色和银色等浅色的车就比其他深色的车更能引起人们的注意。另外，蓝色、黑色等深色的车跟道路环境的颜色非常接近，尤其在傍晚或者下雨天，很难看清楚，因此更容易发生事故。

很多人认为红色最鲜艳，最能从环境中“跳”出来，所以红色车应该最安全。其实并不是这样。红色会让眼睛感到疲劳，如果一个司机长时间开车，并且总是看着红色，他就不容易发现其他浅色的东西。从这一点来讲，红色车并不安全。

也有人认为，与一个人的开车习惯比起来，汽车颜色对司机的影响非常小。一个汽车修理公司的经理说，他修了二十多年的车，从来没有感觉到哪种颜色的汽车特别容易发生事故。如果说黑色车发生事故最多，那也是因为路上黑色车的数量最多。他认为，开车安全，最重要的不是车的颜色，而是司机要有好的开车习惯。

练　习

一、听课文，回答问题。2-3-3

1. 汽车颜色的深浅跟开车安全有什么关系？

   汽车颜色越浅越安全，颜色越深越不安全。

2. 一位汽车修理公司的经理认为，开车安全最重要的是什么？

   司机要有好的开车习惯。

二、听课文，选择正确的答案。2-3-4

（ B ）1. 把不同颜色的车按从安全到不安全的顺序排列，下面哪一种是正确的？

A. 银色、蓝色、白色、黑色

B. 白色、银色、蓝色、黑色

C. 黑色、蓝色、银色、白色

D. 白色、银色、黑色、蓝色

（ C ）2. 黑色车和蓝色车为什么不安全？

A. 它们比较窄

B. 它们比较近

C. 它们跟道路环境颜色很接近

D. 它们更能引起人们的注意

（ C ）3. 红色车为什么不安全？

A. 红色车很容易“跳”出来

B. 红色车很鲜艳

C. 司机长时间看红色，不容易发现浅色的东西

D. 司机长时间看红色，身体感到很累

（ D ）4. 关于那位汽车修理公司的经理，下面哪一项是正确的？

A. 他认为黑色车的事故最多

B. 他开了二十多年的车

C. 他认为车的颜色很重要

D. 他不知道哪种颜色的车容易发生事故

三、听句子，并跟读。 2-3-5

1. 浅色的车让人感觉比较宽、大，深色的车让人感觉比较窄、小。
2. 白色和银色等浅色的车比其他深色的车更能引起人们的注意。
3. 他修了二十多年的车，从来没有感觉到哪种颜色的汽车特别容易发生事故。
4. 他认为，开车安全，最重要的不是车的颜色，而是司机要有好的开车习惯。

四、讨论。

1. 如果你要买车，你首先考虑什么方面，式样、价格、功能、颜色、牌子？为什么？
2. 在决定买什么颜色的车时，你会考虑这篇课文提到的“浅颜色更安全”的观点吗？为什么？

4 颜色的秘密

导 听

2-4-2

花儿有各种颜色，但最常见的是白色、黄色和红色，蓝色、紫色的花很少，而黑色的花基本上看不到。这是为什么呢？请听课文。

课 文

2-4-3

18世纪美国有一个科学家叫富兰克林。一个冬天的早晨，阳光很好，富兰克林拿着一个小包来到一片雪地上，这儿的雪厚厚的，很干净。他把小包打开，里面有各种颜色的小绒布，白的、黑的、深红的、深蓝的、浅黄的、浅绿的等等。他把一块块小绒布分别放在雪地上。原来，富兰克林早就注意到，不同的颜色反射和吸收阳光的能力也不同。他现在就是在做一个有趣的试验，看看哪种颜色反射阳光的能力最强，哪种颜色吸收阳光的能力最强。结果，黑色绒布下面的雪化得最快；深红色和深蓝色绒布下面的雪化得比较快；颜色越浅的绒布下面的雪化得越慢；白色绒布下面的雪化得最慢。这个试验说明：黑色吸收阳光最多，反射阳光最少；白色吸收阳光最少，反射阳光最多。怪不得我们很少看到黑色的花，黑色的花吸收的阳光最多，花的温度就会升高，花就会热死。蓝花、紫花吸收的阳光比较多，反射的阳光比较少，也不太容易活。而白花、黄花和红花吸收的阳光少，反射的阳光多，就比较容易活。

相同的例子还有很多，如：夏天人们总爱穿白色或者浅色的衣服，而冬天人们却爱穿黑色或者深色的衣服。在南方，许多房子的墙是浅色的，而北方正好相反，许多房子的墙是深色的。下雪以后，为了使路上的雪快点儿化掉，人们常常在雪上放一些煤灰等等。

练　习

一、听课文，回答问题。2-4-3

1. 富兰克林是做什么工作的？

他是科学家。

2. 富兰克林的试验目的是什么？

他想知道哪种颜色反射阳光的能力最强，哪种颜色吸收阳光的能力最强。

3. 富兰克林的试验结果是什么？

黑色吸收阳光最多，反射阳光最少；白色吸收阳光最少，反射阳光最多。

二、听课文，选择正确的答案。2-4-4

（ B ）1. 富兰克林的试验是在什么地方做的？

A. 天气好而干净的草地上

B. 天气好而干净的雪地上

C. 天气好而且有煤灰的草地上

D. 天气好而且有煤灰的雪地上

（ C ）2. 富兰克林用什么来做试验？

A. 各种颜色的纸

B. 各种颜色的花儿

C. 各种颜色的绒布

D. 一些煤灰

（ C ）3. 关于富兰克林的试验结果，下面哪一个是正确的？

A. 黑色绒布下的雪化得最慢

B. 蓝色绒布下的雪没有化

C. 白色绒布下的雪化得最慢

D. 不同颜色绒布下的雪化得一样快

（ C ）4. 根据课文，为什么黑色的花不容易活？

A. 因为人们喜欢浅颜色的花

B. 因为深颜色的花比较少

C. 因为黑色花吸收阳光多，会热死

D. 因为黑色花反射阳光多，温度不够

（ C ）5. 根据课文，下面哪一个是正确的？

A. 夏天人们喜欢穿深色的衣服

B. 冬天人们喜欢穿浅色的衣服

C. 南方许多房子的墙是浅色的

D. 北方许多房子的墙是浅色的

（ B ）6. 根据课文，下雪以后人们为什么要在雪地上放煤灰？

A. 因为煤灰比较脏，可以让雪化得快一些

B. 因为煤灰是黑色的，可以让雪化得快一些

C. 因为煤灰是黑色的，可以让人看得清楚一些

D. 因为放了煤灰以后，路上不会太滑，比较安全

三、听句子，并跟读。 2-4-5

1. 颜色越浅的绒布下面的雪化得越慢。
2. 夏天人们总爱穿白色或者浅色的衣服，而冬天人们却爱穿黑色或者深色的衣服。
3. 在南方，许多房子的墙是浅色的，而北方正好相反，许多房子的墙是深色的。

四、讨论：不同的颜色吸收和反射光线的能力不同。我们的生活中是怎样利用这个原理的呢？请举例说明。

5 心情的颜色

导 听

2-5-2

世界上的东西都有颜色：蓝蓝的天，白白的云，绿绿的树，彩色的花……那么，人的心情有没有颜色呢？请听一个中学生的故事。

课 文

2-5-3

早晨天还没亮，我就被闹钟吵醒了。真不想起床啊！我把头钻进被子里，让闹钟一直响。好不容易，两分钟过去了，闹钟才停。我想再睡一会儿，可是妈妈来了，她在我耳朵旁边大声地叫："起床啦！六点啦！快点起床！要迟到啦！"她一边叫，一边把被子从我头上拉了下来，我只好起床。太痛苦了，每个冬天的早晨，我的心情都像外面的雾一样——白惨惨的！

上午的课结束了，我在餐厅吃了午饭，去学校的小店随便看看，发现我喜欢的杂志来了，就高兴地买了一本。马上就可以看啦！走在回教室的路上，我的心情就像中午的太阳一样——红彤彤的！

下午，英语考试的试卷发下来了，我只得了五十三分。我已经很努力了，但是英语实在太难了，我怎么也记不住那些复杂的语法。傍晚回到家，妈妈发现我心情不好，问我发生了什么事。我心里更难过了，眼泪流了下来。这时候，我的心情就像冬天傍晚的天空——灰蒙蒙的！

我的心情就像彩色的调色板一样，说不清楚到底是什么颜色，因为它一直在变。

练 习

一、听课文，回答问题。2-5-3

1. 早晨，“我”的心情是什么颜色？为什么？

   白惨惨的。因为冬天的早上“我”总是起不了床，感觉很痛苦。

2. 中午，“我”的心情是什么颜色？为什么？

   红彤彤的。因为买到了“我”喜欢看的杂志。

3. 下午，“我”的心情是什么颜色？为什么？

   灰蒙蒙的。因为英语考试“我”只得了五十三分。

二、听下面一段话，完成填空。2-5-4

早晨天还没亮，我就被闹钟吵<u>醒</u>了。真不想起床啊！我把头<u>钻</u>进被子里，让闹钟一直<u>响</u>。好不容易，两分钟过去了，闹钟才<u>停</u>。我想再睡一会儿，可是妈妈来了，她在我耳朵旁边大声地<u>叫</u>：“起床啦！六点啦！快点起床！要迟到啦！”她一边叫，一边把被子从我头上<u>拉</u>了下来，我只好起床。太痛苦了，每个冬天的早晨，我的心情都像外面的雾一样——白惨惨的！

三、听句子，并跟读。2-5-5

1. 冬天早上起床的时候，我的心情就像外面的雾一样——白惨惨的！
2. 买到了喜欢的杂志，我的心情就像中午的太阳一样——红彤彤的！
3. 考试不及格，我的心情就像冬天傍晚的天空——灰蒙蒙的！

四、学习下面的颜色表示法。

绿油油的田野　　黑漆漆的夜　　白茫茫的雪地　　黄灿灿的桔子

五、复述课文。

6 小蓝和小黄

导 听

2-6-2

任何两种颜色合在一起，都会变成第三种不同的颜色。比如，红色和黄色在一起会变成橙色；红色和蓝色在一起会变成紫色。那么，我们来听听下面这个有趣的小故事吧。

课 文

2-6-3

小蓝和小黄是一对好朋友，常常一起学习，一起玩儿。

有一天，小蓝去找小黄玩儿，可是小黄不在家。小蓝就在小黄家附近找，找了很长时间，找了很多地方，才找到小黄。小蓝和小黄都非常高兴，紧紧地抱在一起，结果，他们俩合在一起，变成了“绿”。“绿”去了公园，玩儿了很长时间，累了才回家。

可是，回到小蓝家，小蓝的爸爸妈妈认不出来了：“哎呀，这个‘绿’不是我们家的小蓝呀！”回到小黄家，小黄的爸爸妈妈也认不出来了：“哎呀，这个‘绿’不是我们家的小黄呀！”

爸爸妈妈不认识自己了，“绿”又急又伤心，哭了起来，流下了蓝色和黄色的眼泪。哭呀哭呀，最后，“绿”全都变成了蓝色的眼泪和黄色的眼泪，蓝眼泪合在一起变成了小蓝，黄眼泪合在一起变成了小黄。小蓝和小黄想：“这回爸爸妈妈应该认识我们了！”

他们先回到小蓝的家，小蓝的爸爸妈妈高兴极了，紧紧地抱住了小蓝。因为太高兴了，他们也紧紧地抱住了小黄，结果，爸爸妈妈和小黄一起变成了绿色。这个时候，小蓝的爸爸妈妈才明白是怎么一回事。他们一起去小黄家，把这个好消息告诉小黄的爸爸妈妈，两家的父母高兴地抱在一起，也变成了“绿”。

练　习

一、听课文，回答问题。 2-6-3

1. 小蓝和小黄是怎么变成“绿”的？

   小蓝好不容易才找到小黄，他们俩都非常高兴，紧紧地抱在一起，结果，合在一起变成了“绿”。

2. “绿”是怎么变回小蓝和小黄的？

   小蓝和小黄变成“绿”后，两人的爸爸妈妈都不认识他们了，他们又急又伤心，哭了起来，流下了蓝色和黄色的眼泪。蓝眼泪合在一起变成了小蓝，黄眼泪合在一起变成了小黄。

二、听课文，把课文中的小蓝和小黄变成其他任何两种颜色，再讲一遍这个故事。 2-6-3

相亲的故事

3 LESSON THREE

1 我的后悔

导　听

3-1-2

如果失去了爸爸或者妈妈，小孩子们多半不希望有一个新爸爸或者新妈妈。而爸爸妈妈在这个问题上，也多半会首先考虑孩子。课文就讲了这样一个故事。

课　文

3-1-3

爸爸去世时，我才八岁。我又伤心又害怕。我特别担心妈妈什么时候也会突然离开我。那时候，每天一放学，我哪里也不去，马上回家等妈妈。妈妈下班回到家里，我才感到安全。过了两三个月，我才不那么害怕了。可是，又过了一段时间，我听到有人劝妈妈再找个合适的人结婚。我又紧张起来了：妈妈结了婚，会不会只爱那个男人，不爱我了？而且，妈妈会让我叫一个不认识的男人“爸爸”，那时候我怎么办呢？我越想越害怕，于是每天从学校回家后，我就一直跟着妈妈，她走到哪儿我就跟到哪儿；有不认识的男人跟妈妈约会，我就想各种理由在旁边哭啊闹啊，让他们不得不跟妈妈说再见。慢慢地，妈妈不再跟男人约会了，别人也不跟妈妈提结婚的事了。再后来，我和妈妈好像都习惯了两个人的生活。

时间很快过去了，我从小学升入了初中，又从初中升入了高中。再后来，我考上了我们那个城市最好的大学，平时住在学校里，周末才回家。每次我回家，房间里都又干净又漂亮，冰箱里放满了我喜欢吃的东西，妈妈总是很高兴的样子，我当然也很开心。有一个星期三的下午，我有事回了一次家，妈妈还没下班，家里没人，房间里有点儿脏，有点儿乱，冰箱里什么吃的也没有。我突然发现，我不在时，家里太冷清了，妈妈太孤单了！其实，不仅是我上大学以后，就是以前，妈妈也太孤单了。

我明白了，我小时候自以为很爱妈妈，自以为用聪明的方法留住了妈妈，其实却让妈妈一直孤单。我流下了眼泪，决心劝妈妈找一个合适的人结婚。我要告诉妈妈，我希望她生活得更幸福！

练 习

一、听课文，回答问题。3-1-3

1. 课文的题目是“我的后悔”，请问“我”后悔的是什么？

   我后悔的是：小时候自以为爱妈妈，自以为留住了妈妈的爱，其实却让妈妈一直孤单。

2. 为了妈妈的幸福，现在“我”决定怎么做？

   我决心劝妈妈找一个合适的人结婚。我要告诉妈妈，我希望她生活得更幸福！

二、听课文，完成表格。3-1-3

发生的事情	我的害怕和担心	我的做法	结果或效果
爸爸去世了	担心妈妈什么时候也会离开我	放学后马上回家等妈妈，妈妈下班到家我才感到安全	过了两三个月，我不那么害怕了

续表

发生的事情	我的害怕和担心	我的做法	结果或效果
有人劝妈妈再结婚	妈妈会不会只爱那个男人，不爱我了？妈妈让我叫一个不认识的男人"爸爸"时，我怎么办	妈妈走到哪儿我跟到哪儿；有男人跟妈妈约会，我就在旁边吵啊闹啊，让他们不得不跟妈妈说"再见"	慢慢地，没有人跟妈妈约会了，别人也不跟妈妈提结婚的事儿了

回家的时间	房间里的样子	冰箱里的东西	妈妈的心情
平时周末回家	又干净又漂亮	放满了我爱吃的东西	很高兴的样子
有一次星期三有事回家	有点儿脏，有点儿乱	什么吃的也没有	很可能感到孤单

三、听句子，完成填空。 3-1-4

1. 每天从学校回家后，我就一直跟着妈妈，妈妈走到哪儿我跟到哪儿。
2. 我想各种理由在旁边哭啊闹啊，让那些男人不得不跟妈妈说再见。
3. 不仅是我上大学以后，就是以前，妈妈也太孤单了。

四、根据练习二表格中的信息，复述课文。

2 穷小伙儿相亲

导 听 3-2-2

如果你去相亲，你会提前打听对方的经济条件吗？你会因为对方家庭的经济条件非常糟糕而拒绝对方吗？请听课文中一个农村的穷小伙儿相亲的故事。

课 文

3-2-3

有个农村的小伙子，长得挺帅，性格也不错，地里活儿也干得很好，但是每回相亲都不成功。原来啊，相亲时，姑娘们都穿得漂漂亮亮的，小伙子的衣服却很旧。姑娘们很吃惊，仔细一问才知道，这个小伙子从小没有父亲，兄弟姐妹又多，家里特别穷，连一件好一点儿的衣服也没有，更不要说什么贵的家具、大的房子了。姑娘们一听就没兴趣了。

后来，又有人给小伙子介绍了一个姑娘。这一次，母亲请人借来了一件新衣服和一辆自行车。小伙子穿着借来的衣服，骑着借来的自行车，跟姑娘见了面。大概是新衣服和自行车起了作用，这位姑娘没有仔细地问小伙子家里的经济情况。但小伙子的心里很不安，总觉得自己骗了姑娘。终于，在告别之前，小伙子红着脸告诉姑娘，其实他家里特别穷，新衣服和自行车都是借来的。

小伙子对姑娘印象特别好，但他知道，说了真话以后就不可能跟姑娘再见面了。回家后，他哭了，母亲也流了眼泪。没想到，第二天，介绍人说那个姑娘同意跟小伙子在一起。

再后来，小伙子到姑娘家去。到了那里，他一眼就看到门口停着一辆自行车，就是他相亲时借的那一辆；而姑娘的哥哥身上的衣服，就是他相亲时借来的那一件！小伙子呆住了。

这时，姑娘才告诉小伙子，她早就听说过他性格好，地里活儿也干得好，所以才去跟他相亲。那天，姑娘一眼就认出了哥哥的衣服和自行车。她没想到，小伙子会老老实实地告诉她这是借来的。姑娘很感动，她决定要跟这个值得相信的男孩一起生活。

练　习

一、听课文，选择正确的答案。3-2-4

（ A ）1. 关于小伙子，下面哪一个不正确？

A. 他没有兄弟姐妹

B. 他没有父亲

C. 他有很多优点

D. 他家里很穷

（ C ）2. 关于以前跟小伙子相亲的姑娘们，下面哪一个不正确？

A. 她们相亲时穿得漂漂亮亮的

B. 她们认为小伙子也应该穿得漂漂亮亮的

C. 她们一看到小伙子就没有兴趣了

D. 她们一听到小伙子家的情况就没有兴趣了

（ B ）3. 关于小伙子的母亲，下面哪一个不正确？

A. 她很重视小伙子相亲的事

B. 她给小伙子找到了一个好姑娘

C. 她请人给小伙子借了新衣服和自行车

D. 看到儿子伤心，她也很伤心

（ C ）4. 关于这次跟小伙子相亲的姑娘，下面哪一个不正确？

A. 她早就知道小伙子性格好，干活也好

B. 她知道小伙子的衣服和自行车是她哥哥的

C. 她早就知道小伙子不会骗她

D. 她家的经济情况比较好

二、听课文，回答问题。3-2-3

1. 以前跟小伙子相亲的姑娘们为什么没有喜欢上小伙子？

因为小伙子家特别穷，不要说贵的家具、大的房子，就连一件好一点儿的衣服也没有。

2. 这次介绍的姑娘为什么喜欢上小伙子了？

她早就知道小伙子性格好，地里活儿干得也好。更重要的是，小伙子老老实实告诉她衣服和自行车都是借来的，这让她很感动。

三、注意下面几个表现故事中人物心情的句子，回答小伙子和姑娘为什么有这样的心情。

1. 姑娘们很吃惊。

   因为人们相亲时一般都穿得漂漂亮亮的，可是小伙子的衣服却很旧。

2. 姑娘们一听就没兴趣了。

   因为她们问了小伙子以后就知道，小伙子的家里特别穷。连一件好一点儿的衣服也没有，更不要说贵的家具、大的房子了。

3. 小伙子的心里很不安。

   因为他的衣服和自行车都是借来的，所以他总觉得自己骗了姑娘。

4. 回家后，他哭了，母亲也流了眼泪。

   因为小伙子对姑娘的印象特别好，可是他知道，说了真话以后就不可能跟姑娘再见面了。

5. 小伙子呆住了。

   他去姑娘家时，一眼就看到门口的自行车就是他相亲时借的那一辆，而姑娘哥哥身上的衣服，就是他相亲时借的那一件。

6. 姑娘很感动。

   她没想到，小伙子会老老实实地告诉他衣服和自行车都是借来的。

四、听句子，并跟读。3-2-5

1. 相亲时，姑娘们都穿得漂漂亮亮的，小伙子的衣服却很旧。
2. 小伙子连一件好一点儿的衣服也没有，更不要说什么贵的家具、大的房子了。

3. 小伙子红着脸告诉姑娘，其实他家里特别穷，新衣服和自行车都是借来的。
4. 他一眼就看到门口停着一辆自行车，就是他相亲时借的那一辆。
5. 姑娘一眼就认出了哥哥的衣服和自行车。
6. 她没想到，小伙子会老老实实地告诉她这是借来的。

五、复述：假设你是那位小伙子，讲一讲你相亲的故事。

3 余婆婆做媒

导 听

3-3-2

生活中，常有热心人为身边还没恋爱的朋友做媒。但事实上，给人做媒的成功率并不高。课文中介绍了一位热心为人做媒的余婆婆，经过她介绍而结婚的男女已经超过了30对！让我们来听一听她的故事。

课 文

3-3-3

余婆婆是一位挺普通的老太太，她儿子开了一个理发店，她常常去店里坐坐，跟客人聊聊天。她从来没听说过"隐私"这个词，所以经常会问客人这样一些问题：你今年多大年纪啦？在什么地方上班啊？收入怎么样啊？家里有些什么人啊？房子多大呀？有空的时候做什么呀？上次跟你一起来的那个是你的什么人呀？今天他怎么没有来啊？等等。有的客人感到很亲切，什么都回答；也有的客人不喜欢这些问题，就会找其他话题跟余婆婆聊，或者就是笑一笑，什么也不说。余婆婆也很聪明，马上就不问了。这样，双方都不会生气。

客人来过几次以后，余婆婆就跟他们很熟悉了。有一次，余婆婆觉得常来的客人中，有一个姑娘和一个小伙子挺合适，就试着跟双方说了一下。没想到，这对年轻人还真的同意见个面。两人就约在余婆婆家。离开的时候，正好下起了大雨，但是只有姑娘带了伞。余婆婆发现姑娘和小伙子互相都有点儿意思，就对他们说："哎呀，家里的伞都被孩子们拿走了。还好姑娘带了伞，你们两个就一起打吧！"姑娘不太好意思，余婆婆又说："回去太晚也不好，快走吧！雨大伞小，两个人靠紧点儿！"后来，两人真的成了一对儿。余婆婆提起这件事就笑，她说："其实我有伞，不过我怎么可能借给他们呢？"

这一次的成功让余婆婆对给人做媒有了兴趣和信心。她不但给年轻人做媒，也给中年人、甚至老年人做媒。余婆婆八十多岁了，她经历过的事、见过的人太多了，所以看人很准，介绍的成功率比较高。现在，通过她认识并结婚的男女已经超过了30对！

练　习

一、听课文，判断对错。 3-3-4

（ × ）1. 余婆婆开了一个理发店。

（ √ ）2. 余婆婆跟客人聊天时什么都可能问。

（ × ）3. 有的客人不喜欢余婆婆的问题，就生气了。

（ √ ）4. 余婆婆第一次做媒时的姑娘和小伙子都是理发店的客人。

（ × ）5. 余婆婆让姑娘和小伙子在理发店见面。

（ × ）6. 小伙子带了伞，姑娘没有。

（ × ）7. 余婆婆让小伙子和姑娘再聊聊，等雨停了再走。

（ × ）8. 伞都给孩子们拿走了，不然余婆婆可能借伞给小伙子。

（ √ ）9. 余婆婆觉得不应该把伞借给小伙子。

（ √ ）10. 余婆婆也给中年人和老年人做媒。

二、听课文，回答问题。3-3-3

1. 余婆婆什么都会问客人，如果客人不喜欢余婆婆的问题，会怎么做？

有的客人会找其他话题跟余婆婆聊，也有的客人只是笑一笑，什么也不说。

2. 如果客人不回答余婆婆的问题，余婆婆会怎么做？

余婆婆是个聪明人，马上就不问了。

3. 为什么余婆婆做媒的成功率比较高？

她喜欢跟客人聊天，而且什么都聊，对客人了解得很多。而且她年龄大，经历过的事、见过的人多，看人很准。

三、听下面的一段话，完成填空。3-3-5

客人来过几次以后，余婆婆就跟他们很熟悉了。有一次，余婆婆觉得常来的客人中，有一个姑娘和一个小伙子挺合适，就<u>试</u>着跟双方<u>说</u>了一下。没想到，这对年轻人还真的同意见个面。两人就<u>约</u>在余婆婆家。离开的时候，正好<u>下</u>起了大雨，但是只有姑娘<u>带</u>了伞。余婆婆发现姑娘和小伙子互相都有点儿意思，就对他们说：“哎呀，家里的伞都被孩子们<u>拿</u>走了。还好姑娘带了伞，你们两个就一起<u>打</u>吧！”姑娘不太好意思，余婆婆又说：“回去太晚也不好，快<u>走</u>吧！雨大伞小，两个人<u>靠</u>紧点儿！”后来，两人真的<u>成</u>了一对儿。余婆婆<u>提</u>起这件事就<u>笑</u>，她说：“其实我<u>有</u>伞，不过我怎么可能<u>借</u>给他们呢？”

四、听句子，并跟读，说说句子的意思。3-3-6

1. 余婆婆也很聪明，马上就不问了。

2. 姑娘和小伙子互相都有点儿意思。

3. 雨大伞小，两个人靠紧点儿。

4. 后来，两人真的成了一对儿。

5. 余婆婆提起这件事就笑。

6. 其实我有伞，不过我怎么可能借给他们呢？

7. 她经历过的事、见过的人太多了，所以看人很准。

五、复述：假设你是余婆婆第一次做媒时的那个小伙子，请你讲一讲当时发生的事。

4 梅和强的故事

导 听

3-4-2

年轻姑娘找男朋友时，往往要求很高。可是如果年龄大了还是没有男朋友，就可能会因为各种现实的原因或者其他的压力降低要求。请听课文中梅和强的故事。

课 文

3-4-3

大学毕业后，梅在南方的一个城市找到了一份不错的工作。高中同学强正好也在那个城市，他经常去找梅。梅当然知道强的意思。可是强没有上过大学，只是一个普通的工人，长得也一般。梅希望找一个工作好、收入高、长得帅、对她好的男朋友。跟强谈朋友，太没面子了，因此梅对强总是不冷不热的。强是个聪明人，后来就不再来找梅了。

时间过得真快，一下子三年过去了。身边的朋友一个个结婚了，梅却还是一个人。可是梅不急，她想：我还年轻，条件也不错，我没必要降低要求。

时间过得真快，一下子又三年过去了。朋友们一个个当上爸爸妈妈了，可梅还是一个人。她自己也有点儿着急了，她想：只要那个人有个好工作、收入高、对我好就行了，帅不帅就不管了吧。反正我自己也不是特别漂亮。

时间过得真快，一下子又三年过去了。朋友们的孩子都上了幼儿园了。梅还是一个人。这下梅是真的着急了。她想：只要那个人真心喜欢我，工作还过得去就行，收入高不高就不管了吧。反正我的收入还可以。

有一天，一位同事给梅介绍了一个人，是一个工厂的副总经理，人好，能力也挺强。不过就是结过一次婚，可惜结婚不久妻子就因为交通事故去世了。梅想：这个人条件还不错，结过婚的男人，也许更成熟呢！于是，梅答应跟那个人见一次面。

到了那一天，来到约好的地点，梅看到了那个男人。她一下子呆住了——那个人竟然就是强！

练　习

一、听课文，完成表格。 3-4-3

时间	朋友们的情况	梅的情况	梅的心情	梅对男朋友的条件	梅的想法
梅刚到南方的城市		强经常来找梅		工作好、收入高、长得帅、对她好	跟强谈朋友没面子

续表

时间	朋友们的情况	梅的情况	梅的心情	梅对男朋友的条件	梅的想法
第一个三年过去了	一个个都结婚了	一个人	不着急	工作好、收入高、长得帅、对她好	还年轻，条件也不错，没必要降低要求
第二个三年过去了	一个个都当上了爸爸妈妈	一个人	有点儿着急	有个好工作，收入高，对她好	不一定要帅，反正自己也不漂亮
第三个三年过去了	孩子们都上了幼儿园了	一个人	真的着急了	真心喜欢她，工作还过得去	收入不一定要很高，反正自己的收入还可以

二、听写句子，并说说句子的意思。3-4-4

1. 梅当然知道强的意思。

   请问，“强的意思”在句子里是什么意思？

   意思是强很喜欢梅，希望成为梅的男朋友。

2. 梅对强总是不冷不热的。

   请问，“不冷不热”在句子里是什么意思？

   意思是不是很冷淡也不是很热情，只跟强做普通朋友。

3. 强是个聪明人。

   请问，“聪明人”在句子里是什么意思？

   意思是强很聪明，虽然梅什么也没说，但是强已经知道梅不想做他的女朋友了。

4. 只要那个人真心喜欢我，工作还过得去就行，收入高不高就不管了吧。

   请问，“过得去”和“不管了”在句子里是什么意思？

   “过得去”的意思是比较好，还可以。

   “不管了”的意思是不要求了，收入不高也没关系。

三、讨论：最后梅去相亲时，对方竟然就是强。你觉得他们两个有可能成吗？为什么？

5 小林相亲

导听 3-5-2

两个互相不认识的人，为了谈恋爱、结婚而见面。可以想象，这种事情的成功率不会太高。课文中的小林就相了好几次亲，还没有成功过一次。现在一提起相亲，他就直摇头。请听课文。

课文 3-5-3

第一次相亲，介绍人告诉小林，对方是个美女。小林高高兴兴地去了，可是一见面，那个姑娘不但谈不上美，而且看上去要比自己大十来岁！

第二次相亲，小林先看了姑娘的照片，还打听了姑娘的年龄，然后高高兴兴地去了。可是一见面，那个姑娘坐在椅子上，脚都够不着地！

第三次，小林除了看照片，打听年龄，还问清楚了姑娘的身高，都挺满意。于是小林又去相亲了。到了见面的地方，才知道姑娘带了五个朋友来！姑娘说，那些都是她最好的朋友。为了给姑娘和她的朋友们留下一个好印象，小林请她们到一家很有名的饭店吃了一顿。谁知道，吃完饭，小林刚付完钱，姑娘就当着朋友们的面对小林说："很抱歉，我和我的朋友们都觉得我们俩不太合适。"小林听了，半天说不出话来。

第四次见到的姑娘很漂亮，性格也温和。小林挺高兴，两人经常见面。可是有一次见面时，姑娘对小林说："我妈说了，结婚以后要让丈夫把家务都包了。知道疼女人的男人才是好男人！"小林一听就吓坏了。要知道，小林的妈妈从来没有让儿子做过任何家务。

第五次见到的姑娘，不但漂亮，还喜欢做家务，小林放心了。不过没多久，小林也跟她分手了。原来，认识还不到一个月，她就让小林给她买了上千元的礼物！

今天，又有人给小林介绍女朋友了。小林说："算了吧！我情愿一辈子不结婚也不要再去相亲了！"

练　习

一、听课文，选择正确的答案。 3-5-4

（ D ）1. 小林第一次相亲，为什么没有成功？

A. 姑娘是个美女

B. 姑娘年龄太大了

C. 姑娘年龄太小了

D. 姑娘根本不是美女

（ D ）2. 小林第二次相亲，为什么没有成功？

A. 姑娘是个美女

B. 姑娘没有照片上那么美

C. 姑娘坐在椅子上

D. 姑娘太矮了

（ B ）3. 小林第三次相亲，为什么没有成功？

A. 姑娘的年龄、身高跟小林不合适

B. 姑娘和朋友们认为小林不合适

C. 一起吃完饭，小林没有付钱

D. 小林半天没有说一句话

（ C ）4. 小林第四次相亲，为什么没有成功？

A. 姑娘不知道疼小林

B. 姑娘的妈妈不喜欢小林

C. 姑娘要小林做所有的家务

D. 姑娘觉得小林不疼她

（ C ）5. 小林第五次相亲，为什么没有成功？

A. 姑娘不漂亮

B. 姑娘不喜欢做菜

C. 姑娘花了小林很多钱

D. 姑娘觉得小林工资太低

（ C ）6. 又有人给小林介绍女朋友，小林的态度怎么样？

A. 很高兴

B. 很情愿

C. 没兴趣

D. 想试试看

二、听课文，回答问题。3-5-3

1. 第一次相亲，小林为什么高高兴兴地去了？

他听说姑娘是个美女，所以高高兴兴地去了。

2. 第二次相亲，小林先打听了什么信息？为什么？

第二次相亲，小林先看了姑娘的照片和年龄。因为第一次相亲时，姑娘不但不美，而且看上去年龄很大。

3. 第三次相亲，小林先打听了什么信息？为什么？

第三次相亲，小林看了姑娘的照片，还问了年龄和身高。因为第二次相亲时，姑娘虽然很美，年龄也合适，可是太矮了。

4. 第四次相亲，姑娘有哪些优点？

第四次相亲的姑娘很漂亮，性格也很温和。

5. 第五次相亲，姑娘有哪些优点？

第五次相亲的姑娘不但漂亮，还喜欢做家务。

三、听句子，并跟读。 3-5-5

1. 我情愿一辈子不结婚也不要再去相亲了。
2. 我情愿饿肚子，也不要吃方便面。方便面太难吃了。
3. 我情愿一个人在家里发呆，也不愿意陪女朋友去买东西。陪她买东西太累了。
4. 我情愿考试不及格，也不会去看别人的试卷。我不想欺骗老师和自己。

四、复述与讨论。

1. 再听一遍课文录音，假设你是小林，讲一讲你五次相亲的故事。
2. 如果你是小林，你还去不去相亲？为什么？
3. 你认为，小林多次相亲不成功，他自己有没有问题？

6 做比尔·盖茨的女婿

导 听 3-6-2

比尔·盖茨你一定听说过吧？他是微软公司的创始人之一，也是微软公司前总裁。2001 — 2007 年，以及 2009 年，他都是全世界最富的人。作为普通人的你，是不是觉得永远也不会跟他有什么关系？有一位同样也是普通人的父亲，却想让自己的儿子跟比尔·盖茨的女儿结婚。这可能吗？请听课文。

课文 3-6-3

父亲对儿子说："我想给你找个妻子。"儿子说："不好，我要自己找！"父亲说："但这个女孩是比尔•盖茨的女儿。"儿子说："要是这样，可以考虑！"接着，父亲找到比尔•盖茨，对他说："我想给你女儿找一个丈夫。比尔•盖茨说："不行，我女儿还小！"父亲说："可是这个小伙子是世界银行的副总裁。"比尔•盖茨说："要是这样，可以考虑！"然后，父亲找到了世界银行的总裁，对他说："我想给你推荐一个副总裁。"总裁说："不需要，我已经有太多的副总裁了。"父亲说："可是这个小伙子是比尔•盖茨的女婿。"总裁说："要是这样，可以考虑！"

练习

一、听课文，完成表格。 3-6-3

父亲建议的对象	父亲建议的内容	对方本来的回答	父亲的理由	对方后来的回答
儿子	给他找个妻子	不好	这个女孩是比尔·盖茨的女儿	要是这样，可以考虑
比尔·盖茨	给他女儿找个丈夫	不行	这个小伙子是世界银行的副总裁	要是这样，可以考虑
世界银行的总裁	给他找个副总裁	不需要	这个小伙子是比尔·盖茨的女婿	要是这样，可以考虑

二、根据练习一表格中的信息复述课文。

三、讨论。

1. 这个父亲为什么能把事情谈成？
2. 这个故事说明一个什么道理？生活中有没有这样的例子？

消费习惯

4 LESSON FOUR

1 三类消费习惯不同的人

导 听

4-1-2

有这样三类人，他们在穿着、消费习惯和性格等方面都很不一样，根据他们各自的特点，可以分别叫作“月光族”、“理智族”和“月余族”。请听课文的介绍。

课 文

4-1-3

一、月光族：这类人每个月月初的时候都穿得很漂亮，看上去很有精神，可到了月底就穿得很随便，看上去很没有精神。他们月初的时候钱比较多，一拿到工资就去买东西，看到可爱的、喜欢的马上买回家，不会考虑这个东西到底有没有用。这样花钱的话，即使有再多的钱也不够用，常常是一到月底就没钱了。这类人喜欢打扮，喜欢流行，喜欢享受生活，做事没有计划性，总是跟着感觉走，所以常常后悔。

二、理智族：这类人的衣服干净整齐，但很少有名牌。他们不赶时髦，不会因为流行就买，也不会买太贵的东西。一般来说，他们不会花时间在商场里东看西看，而是找到自己需要的东西就付钱离开。他们认为，钱“该用就用，该省就省”，每个月都会在固定的时候把钱存进银行。这类人做事有计划，能坚持自己的看法，清楚自己需要的是什么，不会跟别人比。但另一方面，他们也重视朋友之间的感情，很愿意为朋友花钱。

三、月余族：这类人平时穿得很普通。买东西的时候，不跟老板还价，心里就不舒服。除了生活用品以外，其他方面一般不太花钱。即使偶尔跟朋友出去玩儿一次，要掏钱的时候还是会舍不得。他们生活很节约，对自己的要求很严格，到了月底往往能够省下不少钱。但他们听不进别人的意见，常常在钱的问题上让别人感到不愉快。

练　习

一、听课文，连线。 4-1-3

月光族	每个月都在固定的时间把钱存进银行
理智族	每个月月底都会省下不少钱
月余族	每个月都把钱全部花光

二、听课文，完成表格。（把字母填入表格） 4-1-3

穿着：A. 衣服很普通

B. 月初和月底的衣服很不一样

C. 衣服干净整齐，但很少有名牌

消费习惯：A. 看到可爱的、喜欢的一定会买

B. 买东西喜欢还价，跟朋友出去玩儿，也要考虑钱

C. 买需要的东西，不买太贵的东西

性格：A. 清楚自己的需要，重视朋友之间的感情

B. 跟着感觉走，常常后悔

C. 对自己的要求很严格，但不听别人的意见

	穿着	消费习惯	性格
月光族	B	A	B
理智族	C	C	A
月余族	A	B	C

三、听句子，并跟读。 4-1-4

1. 月光族的人，即使有再多的钱也不够用。
2. 学习方法不对，即使再努力，进步也不大。
3. 理智族的人，不会花时间在商场里东看西看。
4. 你东挑西挑的，什么时候才能挑到让你满意的女朋友啊？
5. 钱"该用就用，该省就省。"
6. 你不要太节约，该吃就吃，该玩儿就玩儿。
7. 不跟老板还价，心里就不舒服。
8. 不抽几支烟，全身就不舒服。

四、讨论：你比较接近课文中提到的哪一类人？你有这类人的哪些特点？

2 你是月光族吗

导 听

4-2-2

现在有一些年轻人，每个月都把自己挣来的钱或者得到的钱全部花光，一点儿也不剩。这些人被叫做"月光族"。你是不是这样的人呢？我们来测试一下吧。

课 文

4-2-3

下面有12个问题，每题都有A、B两种选择，请根据自己的实际情况选择A或者B。

1. 如果你一个人生活，你想住在什么样的房子里？

A. 房子要大，要布置得很漂亮

B. 房子大小没关系，有日常使用的家具就可以

2. 如果这个月有好几个朋友过生日，你会怎么做？

A. 要给每个朋友都买一件礼物

B. 只给一两个特别好的朋友买礼物

3. 你经过一家店，看到一件很喜欢的衣服，但是比较贵，你会怎么做？

A. 为了买这件衣服，可以顿顿吃方便面

B. 安慰自己说：看看就够了，不一定要买

4. 最近出了一种新的手机，很受欢迎，可你原来的手机还没坏，你会怎么做？

A. 这是最流行的，我一定要买

B. 先改变一下最近的计划，再买这个手机

5. 旅行的时候，你会买很多东西回来吗？

A. 一定会买些东西回来　　B. 一般什么都不买

6. 如果家里没人，你的晚饭怎么解决？

A. 在外面的饭店吃　　B. 回家吃方便面

7. 你多长时间逛一次街？

A. 每周至少逛一次街　　B. 需要买东西的时候才逛街

8. 你穿着刚买的新衣服走在街上，突然发现有人跟你穿的一样，你会怎么做？

A. 回家后把衣服放起来，再也不穿了

B. 没关系，他穿他的，我穿我的

9. 你花钱有计划吗？

A. 有是有，但是常常改变　　　　B. 任何时候都照计划做

10. 你有存钱的习惯吗？

A. 只有在梦里才会存钱　　　　B. 该花的花，该存的存

11. 如果你去旅行，你会带多少钱？

A. 少带点儿现金，主要用信用卡

B. 多带点儿现金，感觉比较安全

12. 如果商店里的人很热情地向你介绍他们的新产品，这个时候你会怎么做？

A. 相信他说的话，买他介绍的新产品　　　　B. 赶快离开

好，在刚才听到的12个题里，如果你选的A已经超过了8个，那么，你很有可能成为月光族，或者已经是月光族了！

练　习

一、听课文，根据自己的实际情况选择A或者B。 4-2-3

(　　) 1. 如果你一个人生活，你想住在什么样的房子里？

(　　) 2. 如果这个月有好几个朋友过生日，你会怎么做？

(　　) 3. 你经过一家店，看到一件很喜欢的衣服，但是比较贵，你会怎么做？

(　　) 4. 最近出了一种新的手机，很受欢迎，可你原来的手机还没坏，你会怎么做？

(　　) 5. 旅行的时候，你会买很多东西回来吗？

(　　) 6. 如果家里没人，你的晚饭怎么解决？

(　　) 7. 你多长时间逛一次街？

(　　) 8. 你穿着刚买的新衣服走在街上，突然发现有人和你穿的一样，你会怎么做？

(　　) 9. 你花钱有计划吗？

(　　) 10. 你有存钱的习惯吗？

(　　) 11. 如果你去旅行，你会带多少钱？

(　　) 12. 如果商店里的人很热情地向你介绍他们的新产品，这个时候你会怎么做？

二、再听一遍课文，记录你选的答案的内容。 4-2-3

三、把每一题的问题和你选的答案合成一句话说出来。

例如：1. 如果我一个人生活，我希望我的房子很大，而且布置得很漂亮。

或者：1. 如果我一个人生活，房子大小没关系，房子里有日常使用的家具就可以。

3 你适合零储蓄吗

导　听

4-3-2

零储蓄的人因为不储蓄，所以花钱很自由，日子过得很不错。如果你羡慕他们的生活，也想成为其中的一个，请你听一听课文中的条件，看看自己是否合适。

课　文

第一部分

4-3-3

你想成为零储蓄族吗？先来听听条件吧：

1. 你应该有一份固定的工作，每个月能拿到固定的工资。如果你是个自由职业者，或者你的工作是临时的，属于吃了上顿没下顿的那种，那么免谈。

2. 你应该有一种或者几种不固定的收入，不管是什么样的收入，也不管这个收入是多还是少。因为它可以保证万一你的固定收入出了问题，你还是有一些钱可以花。否则，免谈。

3. 你家里人的收入要高，特别是父母的经济情况要好。这样，万一你的经济出了问题，还有家里人的支持。因此，家里人收入都比较低的人免谈。

4. 你最近没有结婚的打算。因为婚礼肯定要花一大笔钱。如果婚礼结束后，你还要去旅行，那就更要有一笔储蓄。因此，马上要结婚的人免谈。

5. 你的身体很健康，不需要去医院看病，也不需要经常买药吃。因为有健康的身体才能有连续的收入。如果你经常生病，牙疼要休息三天，感冒要休息一个星期，那么免谈。

6. 你是一个乐观的人。谁也不能保证生活中没有意外。如果你在经济上遇到了什么大的困难，你还有没有心情笑一笑呢？你是不是相信困难一定会过去呢？如果你是个爱哭的人，如果你对自己没有信心，那么免谈。

以上六个条件，如果你的答案中有一半以上是“免谈”，就赶紧去银行存钱吧！

第二部分 4-3-4

1. 小张在一家贸易公司工作，月收入八千元左右。兴趣爱好是运动和旅行。由于经常运动，身体很健康。小张性格乐观，喜欢开玩笑，有不少朋友，但目前还没有遇到他特别喜欢的女孩子。

2. 小李大学毕业后，跟男朋友一起在网上开了一家卖衣服的小店。目前小店的生意还算不错，两人赚了一些钱，打算半年后结婚。不过，小李的母亲在农村，年纪大了，身体也不太好，所以小李每个月都要从收入中拿出一部分钱给母亲看病买药。

练　习

一、听第一部分课文，判断对错。 4-3-5

(　×　) 1. 零储蓄的人要有工作，固定的或者临时的都可以。

(　×　) 2. 零储蓄的人不但要有固定收入，还要有很高的不固定收入。

(　√　) 3. 零储蓄的人，家里人的收入要高。

(　√　) 4. 马上要结婚的人不适合零储蓄。

(　√　) 5. 身体不健康的人不适合零储蓄。

(　×　) 6. 乐观的人不适合零储蓄。

二、听第二部分课文关于小张和小李的介绍，根据第一部分课文内容判断他们适合不适合零储蓄，并说出你的理由。 4-3-4

1. 小张适合零储蓄。因为他有固定的工作，身体很健康，是一个乐观的人，目前没有结婚的打算。
2. 小李不适合零储蓄。因为她是个自由职业者，最近有结婚的打算，而且家里人的经济情况也不太好。

三、讨论：除了课文提到的以外，你认为还有哪些人不适合零储蓄呢？说说看。

4 关于零储蓄的不同看法

导　听 4-4-2

“零储蓄”是年轻人中出现的一种新的消费观念。对于这种观念，人们是怎么看的呢？请听林先生、周先生和杨先生对于这个问题的看法。

课 文

4-4-3

（一）我姓林，是公司职员。我认为，零储蓄对国家、对自己都有好处。如果人人都只储蓄不消费，那么市场上的商品就卖不出去，工厂就要停止生产，工人就要失业，国家经济就会受到影响。零储蓄族不停地消费，经济就会增长，对国家就有好处。就我自己来说，我喜欢“努力地挣，开心地花”。我相信只要自己有能力，不必担心挣不到钱。挣钱是为了提高自己的生活质量，把钱花掉，我才可以吃好、穿好、玩儿好，我的生活才有意思。有些人为了储蓄，能不玩儿就不玩儿，能不消费就不消费，他们的生活有什么意思呢？所以我觉得“零储蓄”没什么不好。

（二）我姓周，对我这样一个普通工人来说，零储蓄只是梦想。我也羡慕零储蓄族的生活，但现实中，我每花一笔钱都要仔细算一算。我太普通了，在工作方面，什么地方少了我都行。但是我上有老，下有小，他们都离不开我。万一我突然丢了工作或者生了重病，又没有储蓄的话，全家人就都活不下去了。所以，对我来说，零储蓄不是观念问题，而是现实问题。如果有一天，孩子上学不用交钱了，老人的社会福利好了，失业救济金高了，那个时候我才敢零储蓄。

（三）我姓杨，是一名教师。我认为，人们的消费观念在改变。“先存钱后消费”是我们的传统观念，而“先消费后还钱”是新观念，现在渐渐被越来越多的人所接受。这是中国人消费观念的一个进步。我的女儿就总是抱怨我们不会花钱，她请我们去旅行，机票都替我们买好了。她对自己、对社会都充满信心，从来不担心明天没饭吃。她妈妈对女儿的做法很有意见，我却比较支持女儿。我觉得，年轻人如果身体好、能力强，努力工作，收入不会太差，他们可以多消费。等他们年纪大了，社会福利应该也比现在好多了，所以传统观念应该变一变了。

练　习

一、听课文，把人物与他们的身份、观点连接起来。 4-4-3

林先生	教师	消费观念在改变
周先生	公司职员	不敢零储蓄
杨先生	普通工人	零储蓄对国家、对自己都好

二、听课文，选择正确的答案。 4-4-4

（ D ）1. 关于林先生的看法，下面哪一个是正确的？

A. 只储蓄不消费对国家有好处

B. 有能力也可能挣不到钱

C. 挣钱是为了储蓄

D. 消费可以提高生活质量

（ C ）2. 周先生为什么不敢零储蓄？

A. 他刚刚丢了工作

B. 他生了重病

C. 他怕失业

D. 他没有储蓄

（ A ）3. 下面哪一个不是周先生敢零储蓄的条件？

A. 自己的能力提高了

B. 孩子上学不要钱了

C. 老人的社会福利好了

D. 失业救济金高了

(D) 4. 中国人的传统观念是什么？

A. 先消费后还钱

B. 先还钱后消费

C. 先消费后存钱

D. 先存钱后消费

(A) 5. 关于“先消费后还钱”的观念，下面哪一个是正确的？

A. 这是新观念

B. 这是老观念

C. 这是国外的观念

D. 这个观念已经被中国人接受了

(B) 6. 杨先生为什么支持女儿？

A. 因为女儿经常请他去旅行

B. 因为年轻人有能力消费

C. 因为女儿从来不担心明天

D. 因为现在社会福利很好

三、听句子，并跟读。4-4-5

1. 我相信只要自己有能力，不必担心挣不到钱。
2. 能不玩儿就不玩儿，能不消费就不消费，生活有什么意思呢？
3. 我上有老，下有小，他们都离不开我。
4. 对我来说，零储蓄不是观念问题，而是现实问题。
5. “先消费后还钱”的观念，现在渐渐被越来越多的人所接受。

四、讨论：你对零储蓄怎么看？你认为零储蓄有什么好处或者坏处吗？

5 李小姐为宝宝花钱

导 听

4-5-2

20世纪80年代出生的人，被称为“80后”。这些年轻人中有不少人成长环境很好，消费观念比较新。李小姐就是一个“80后”新妈妈，她在最近一个月里为自己的宝宝花了哪些钱呢？请听课文。

课 文

4-5-3

一、买进口的奶粉和尿布。李小姐刚给宝宝买了两罐奶粉和一大包尿布，差不多花了500元。一罐900克的进口奶粉，价格在200元左右。虽然并不便宜，但李小姐相信进口奶粉的质量比国内生产的奶粉更好。在农村，很多宝宝还用布尿布，洗了可以再用，但这样比较麻烦，特别是下雨天，干不了。因此，李小姐给宝宝用纸尿布，用完就扔，不用洗，不怕不干，非常方便。但是纸尿布也不便宜，一片要一块多。

二、买名牌的衣服和推车。李小姐刚给宝宝买了400元的衣服、800元的推车。李小姐给宝宝买衣服从来不会舍不得，她认为，宝宝的衣服不但要看起来漂亮，更要穿起来舒服，只有名牌才能同时满足这两个条件。平时带宝宝出去散步，推车是少不了的，跟衣服一样，不仅要用起来方便，样子也要漂亮。

三、请人给宝宝取名字。李小姐最近花了600元给宝宝取了一个名字。很多人相信，好的名字可以让孩子在以后的生活、学习和工作中顺顺利利的。所以现在流行请专门的人给孩子取名字，他们会根据孩子的姓、出生时间、父母对孩子的希望等，为孩子取几个名字，给父母们选择。价格在300元到1000元之间。李小姐认为，如果一个好名字能让宝宝有一个好的未来，花点儿钱非常值得。

四、给宝宝拍写真。李小姐给她七天大的宝宝拍了一套写真，1688 元。现在有很多专门为宝宝拍照的店。刚出生的宝宝不方便去店里拍照，工作人员就到家里来服务。他们的照相机非常好，拍照的水平也高，还借给宝宝很多漂亮的衣服，拍出来的照片比自己拍的要好看得多。李小姐觉得，为了给宝宝的成长留个纪念，这点钱不算什么。

五、让宝宝游泳。李小姐让宝宝游泳花了 1000 多元。据说，宝宝在妈妈肚子里就是在水的环境中，刚出生的宝宝很熟悉水的感觉，他们不但不害怕游泳，相反会感到安心、高兴。经常游泳的宝宝身体健康、不容易生病、运动能力强、脑子也聪明。现在，参加游泳的宝宝越来越多，年龄也越来越小。宝宝游泳一般每次 50 元，李小姐的宝宝出生后第 8 天就开始游泳了，每天都游，已经坚持了 3 个星期。

练 习

一、听课文，完成表格。 4-5-3

	李小姐最近一个月为宝宝做了什么事?	花了多少钱?
1	买了两罐进口奶粉和一大包尿布	差不多 500 元
2	买名牌的衣服和推车	衣服 400 元、推车 800 元
3	请人给宝宝取名字	600 元
4	给宝宝拍写真	1688 元
5	让宝宝游泳	1000 多元

二、听课文，选择正确的答案。4-5-4

(B) 1. 李小姐为什么给宝宝喝进口奶粉？

A. 价格便宜

B. 质量好

C. 宝宝爱喝

D. 冲起来方便

(B) 2. 李小姐为什么给宝宝用纸尿布？

A. 价格便宜

B. 不用洗

C. 洗起来方便

D. 可以重复使用

(C) 3. 李小姐给宝宝买衣服有什么要求？

A. 要漂亮的

B. 要舒服的

C. 要名牌的

D. 要穿起来方便的

(D) 4. 李小姐为什么请专门的人给宝宝取名字？

A. 她自己不会取名字

B. 现在流行请人取名字

C. 她想给宝宝一个特别的名字

D. 她想让宝宝有好的未来

(A) 5. 给宝宝取名字要考虑很多问题，下面哪一个不是？

A. 宝宝的性格

B. 宝宝的出生时间

C. 宝宝的姓

D. 父母对宝宝的希望

(B) 6. 关于宝宝拍写真，下面哪一个是正确的？

A. 宝宝一个月大时拍的

B. 照相馆的人来家里给宝宝拍

C. 李小姐自己给宝宝拍

D. 宝宝去照相馆里拍

（ A ）7. 请专门的人给宝宝拍写真有很多好处，下面哪一个不是？

A. 他们送给宝宝有趣的玩具

B. 他们借给宝宝漂亮的衣服

C. 他们拍照的水平很高

D. 他们的照相机很好

（ A ）8. 给宝宝游泳有很多好处，下面哪一个不是？

A. 宝宝不害怕水

B. 宝宝不容易生病

C. 宝宝运动能力强

D. 宝宝脑子聪明

三、下面三句话都表示李小姐很愿意为宝宝花钱，请把它们听写下来。

4-5-5

1. 李小姐给宝宝买衣服从来不会舍不得。
2. 李小姐认为，如果一个好名字能让宝宝有一个好的未来，花点儿钱非常值得。
3. 李小姐觉得，为了给宝宝的成长留个纪念，这点儿钱不算什么。

四、讨论：你认为李小姐在宝宝身上花的钱是不是太多了？有没有你认为可以不花或者少花的钱呢？

6 大学生的信用卡生活

导 听 4-6-2

2005年开始，不少银行为在校大学生提供信用卡服务。信用卡为什么受到大学生的欢迎？他们怎样用信用卡来消费？请听下面两位大学生的故事。

课 文 4-6-3

一、我是小张，从农村来的。考上大学是我最骄傲的事情，可是每年的学费却成了我最头疼的事情。今年开学初，家里拿不出钱给我付学费，我正准备休学，等自己打工挣够了学费再回学校。这时候，一个好朋友帮我出了个主意，他说可以帮我办张信用卡，先用信用卡透支的钱付了学费，以后再边打工边还钱。这个主意果然不错，我用信用卡透支了3000块，再加上平时存下来的一些钱，就把学费给付了。开学后，我打了两份工，边工作边还钱，两个月后，就把透支的钱全部还清了。这张卡可真帮了我的大忙。

二、我是小刘，办信用卡就是为了花钱方便。我的父母每个月只给我2000块钱生活费，根本不够花。约会、打球、跟朋友吃饭，哪个不要花钱？更别说买手机、MP3和名牌衣服了。有了信用卡就方便多了，想买什么刷卡就行，我办第一张信用卡的第二天就为自己买了个新手机。现在我有三张信用卡，这张刷刷、那张刷刷，感觉特别好。不过，我不得不承认办了信用卡后，我每个月的开销越来越大。因为刷卡消费不用付现金，也就感觉不到什么经济压力，时间长了，欠的钱越来越多，每到还钱的那天我就感到特别痛苦。我现在每个月都是一拿到生活费就马上还信用卡的钱，还完了没有生活费，又继续用信用卡透支。要是实在坚持不下去，就只能硬着头皮跟父母说了。

练　习

一、听课文，回答问题。4-6-3

1. 小张的信用卡主要用来干什么？
   付学费。
2. 小刘的信用卡主要用来干什么？
   娱乐消费。

二、听课文，选择正确的答案。4-6-4

（ C ）1. 小张为什么要用信用卡？
A. 他考上了大学
B. 他打工挣了钱
C. 用信用卡透支的钱付学费
D. 要还学费

（ B ）2. 小张是怎么还信用卡透支的钱的？
A. 一个好朋友帮忙
B. 边上学边打工
C. 上大学
D. 休学打工

（ C ）3. 小刘为什么要用信用卡？
A. 父母给他 2000 块生活费
B. 开销越来越大
C. 花钱更方便
D. 刷卡的感觉很好

(B) 4. 小刘用信用卡有什么烦恼？

A. 感觉不到经济压力

B. 欠的钱越来越多

C. 每个月拿到生活费马上还信用卡的钱

D. 信用卡不能透支

(B) 5. 为什么小刘欠的钱越来越多？

A. 他有三张信用卡

B. 刷卡消费不用付现金，感觉不到经济压力

C. 时间长了

D. 一到还钱的日子就很痛苦

(D) 6. 小刘是怎么还信用卡透支的钱的？

A. 用每个月的生活费还

B. 坚持自己还钱

C. 硬着头皮还

D. 用每个月的生活费还或者让父母还

三、听句子，并跟读。4-6-5

1. 考上大学是我最骄傲的事情，可是每年的学费却成了我最头疼的事情。
2. 我有三张信用卡，这张刷刷，那张刷刷，感觉特别好。
3. 要是实在坚持不下去，就只能硬着头皮跟父母说了。

四、讨论：你认为小张和小刘是不是应该继续用信用卡？为什么？

中国人过洋节

5 LESSON FIVE

1 在情人节出租自己

导　听　5-1-2

你听说过有人出租房子、出租车子，可你大概没有听说过有人出租自己吧？课文中就有一个大学生要出租自己，他为什么要这么做呢？请听课文。

课　文　5-1-3

下个周末正好是2月14日，也就是情人节。今年的情人节比较特殊：以前我总是跟女朋友一起过，但今年，前女朋友分手了，新女朋友还不认识。“一个人的情人节”让我感到寂寞，甚至感到有点儿失败。怎样才能不一个人过这个节日呢？

突然，我想到了一个主意。我打开电脑，在网上发了一个广告，题目是“帅哥出租，陪女生过情人节”。我先简单介绍了自己的专业、年级、身高等情况，然后写了一些服务的项目和价格。比如：陪逛街，每小时20元；从第三个小时起，每小时10元。陪吃饭，每小时8元，从第三个小时起，每小时4元，女生付饭钱。陪看电影，第一场10元，第二场开始，每场5元，女生付电影票钱。陪跟家人朋友见面，每小时20元，从第三个小时起，每小时10元。

手拉手，每次1元。其他项目，价格面谈。最后，我没忘记补充两点：第一，女生最好跟我学不一样的专业；第二，女生最好不要比我高。

一方面，我觉得这个主意挺疯狂；另一方面，我又觉得像我这样感到寂寞、无聊的大学生可能也挺多，就抱着好玩儿、试试看的态度发出了这个广告。没想到，愿意租我的女生还不少。第一天就有8个女生表示很感兴趣。后来，我又通过网上聊天的方式，确定了一位跟我不同学校不同专业的女大学生。我的服务项目是：先陪她去市中心看一个展览，接着陪她去市图书馆借几本书，然后陪她在我们学校附近吃一顿晚饭，最后把她送回她的学校。

现在我希望情人节快快到来，你们觉得我会过上一个愉快的情人节吗？

练　习

一、听课文，回答问题。 5-1-3

1. “我”为什么要在情人节出租自己？

   “一个人的情人节”让“我”感到寂寞，甚至感到有点儿失败。“我”不想一个人过情人节。

2. “我”把自己出租给谁了？

   “我”把自己出租给了一位跟“我”不同学校不同专业的女大学生。

3. “我”需要向租“我”的人提供什么服务？

   陪她去市中心看一个展览，陪她去市图书馆借几本书，陪她在“我们”学校附近吃一顿晚饭，最后把她送回她的学校。

二、听课文，选择正确的答案。5-1-4

(B) 1. 关于今年的情人节，下面哪一个是正确的？

A. “我”一个人过

B. “我”跟一个不认识的女生一起过

C. “我”决定跟女朋友分手

D. “我”刚认识一个新的女朋友

(B) 2. “我”在哪里发了一个广告？

A. 报纸上

B. 网上

C. 电影院

D. 杂志上

(C) 3. “我”的广告题目是什么？

A. 女生出租，陪帅哥过情人节

B. 租女生，陪帅哥过情人节

C. 帅哥出租，陪女生过情人节

D. 租帅哥，陪女生过情人节

(A) 4. “我”在广告中没有介绍自己哪方面的情况？

A. “我”的学校

B. “我”的专业

C. “我”的年级

D. “我”的身高

(D) 5. 下面哪一个是“我”在广告中最后补充的条件？

A. “我”希望女生最好不是大学生

B. “我”希望女生最好跟“我”学一样的专业

C. “我”希望女生最好比“我”低一个年级

D. “我”希望女生比“我”矮一些

三、听句子，完成填空。5-1-5

1. 一个人的情人节，让我感到寂寞，甚至感到有点儿失败。
2. 我觉得像我这样感到寂寞、无聊的大学生可能也挺多。
3. 我抱着好玩儿、试试看的态度发出了这个广告。

四、讨论。

1. 如果你是一个女大学生，没有男朋友，你看到这样的广告会不会想去试一试？为什么？
2. 如果你是女生，你对广告中的价格有什么建议或者意见？
3. 如果你是那个“帅哥”，你的价格有什么不同？

2 一枝情人节玫瑰

导 听 5-2-2

为了让孩子有更好的成长环境，一对夫妻先后考研究生来到上海，不久，孩子也来到上海。有两年时间，一家三口全是学生，经济十分紧张。这样的夫妻，会不会过情人节呢？请听课文。

课 文 5-2-3

1996年，我丈夫考上了上海一所著名大学的研究生。1997年，我也考上了那所大学的研究生。然后我们把正在读小学的孩子也带到了上海。就这样，有两年时间，我们一家三口全是学生。那时候，政府每个月给每个研究生发放300多人民币的个人生活补助。我和丈夫两个人就是700元不到。这是我们全家每个月所有的固定收入。这对一个生活在上海的三口之家来说，实在是太少了。因此，我和丈夫业余时间都要在外面讲课，挣一点儿生活费。

那一年的情人节，丈夫也要出去讲课。深夜回家时，带回来一枝鲜艳的玫瑰花。我非常吃惊，马上问道："呀，这要多少钱啊！"听上去，我并不喜欢花，而是觉得丈夫买花是在浪费钱，很不应该。丈夫的笑容一下子不见了，非常失望的样子。我知道自己问错了，马上把花接过来，说花真是太美了，谢谢他为我买花。事实上，我确实很喜欢、很感动。但是因为家里的经济一直很紧张，我已经习惯了问清楚每一样东西的价钱。而且，我平时非常忙，既要学习又要讲课，根本就没注意到那天是情人节。否则，我也许不会那么吃惊，也不会问这个不合适的问题了。

后来我们俩都毕业了，都在上海找到了工作，家里的经济比以前好多了。以后几年的情人节，丈夫给我买过大把的玫瑰花，我当然很开心。但是最让我感动的，就是那一年的那一枝玫瑰花。现在，丈夫有时候就在网上发一张玫瑰花的照片给我，他说这样省钱又省事。我也不生气。其实对我来说，情人节并不重要，情人节的礼物也不重要，我和丈夫相互的爱才是最重要的。

练　习

一、听课文，回答问题。 5-2-3

1. 经济最困难的时候，丈夫在情人节给了"我"什么礼物？

   一枝鲜艳的玫瑰花。

2. "我"跟丈夫都毕业以后的几年，丈夫在情人节给了"我"什么礼物？

   大把的玫瑰花。

3. 现在，丈夫在情人节给“我”什么礼物？

在网上给“我”发一张玫瑰花的照片。

4. 对“我”来说，最重要的是什么？

“我”跟丈夫相互的爱。

二、听课文，判断对错。5-2-4

(×) 1.“我”考上研究生的第二年，丈夫也考上了研究生。

(×) 2. 有两年时间，“我们”全家每个月的固定收入只有 700 多元。

(√) 3.“我”跟丈夫业余时间还要去讲课，否则钱不够花。

(×) 4. 情人节那天，丈夫没去讲课，而是给“我”买了一枝玫瑰。

(×) 5.“我”觉得丈夫买花是浪费钱，丈夫很失望。

(√) 6. 其实“我”心里喜欢这枝花，很感动。

(√) 7. 因为家里经济紧张，“我”已经习惯了问一问东西的价钱。

(×) 8. 虽然平时很忙，“我”还是没有忘记那天是情人节。

(×) 9. 即使“我”知道是情人节，“我”也会问花的价钱。

(×) 10. 如果丈夫情人节不送礼物给“我”，“我”会生气的。

三、听句子，并跟读。5-2-5

1. 一个月 700 元不到，这对一个生活在上海的三口之家来说，实在是太少了。
2. 对我来说，情人节并不重要，情人节的礼物也不重要，我和丈夫相互的爱才是最重要的。
3. 长途旅行对一个病人来说并不合适。
4. 对一个喜欢睡觉的人来说，每天早上六点起床，实在是太痛苦了。

四、复述：假设你是课文里的妻子或丈夫，请你复述这个故事。

3 我过的第一个母亲节

导 听

5-3-2

我从来没有过母亲节和父亲节的习惯。我觉得自己挺关心父母的，不一定非在这个洋节日里向父母表示什么。但前年的母亲节发生了一件事，改变了我的想法。请听课文。

课 文

5-3-3

那一天，8 岁的女儿突然要求跟我一起去菜市场买菜。这挺奇怪的，女儿一直觉得我家附近的菜市场又脏又乱，很少愿意去那里。但我没有多问，就答应了。女儿高兴地回房间换了衣服，出来的时候身上还背了一个小包。我跟她说："你又不用带钱，背着包干什么？"女儿只是笑笑。

到了菜市场，女儿耐心地跟着我在里面转了一个小时左右，一句抱怨的话都没有。买完东西走出菜市场的时候，女儿突然对我说："妈妈，跟我来一下！"就朝菜市场门口几个卖花的人走去。

我跟了过去，女儿对我说："妈妈，帮我挑一枝康乃馨吧！要最漂亮的！"我虽然觉得奇怪，但还是很认真地选了一枝我认为最美的。我正要付钱，女儿却叫道："妈妈，我来付钱！我来付钱！"女儿从她的小包里拿出钱包，把钱付了。然后，又从小包里拿出一张卡片，和花一起交到我手里，对我说："妈妈，今天是母亲节，这张卡片和这枝花，是我送给你的礼物！祝妈妈母亲节快乐！"

我打开卡片，上面有一幅画：一个小女孩和一个年轻的妈妈幸福地拥抱在一起。画的下面有几行字：亲爱的妈妈，谢谢你给我那么多爱，我太幸福了！祝妈妈母亲节快乐！

我紧紧地抱住了女儿：现在我知道了，女儿来菜市场，就是为了买一枝花送给我，她还提前准备好了卡片。这一切，都是女儿对我的爱啊。其实，要不是这枝花和这张卡片，我还真不知道女儿有这么爱我！

那天回家以后，我给在外地的母亲打了一个电话，后来又去买了一件礼物寄给她。现在，每年的母亲节我都要给母亲打一个电话，寄一件礼物。

练　习

一、听课文，回答问题。5-3-3

1. 母亲节那天，女儿为“我”做了什么？

   她陪“我”去买菜，给“我”买了一枝康乃馨，还送给“我”一张卡片。

2. 那天买菜回家以后，“我”做了什么？

   “我”给在外地的母亲打了电话，后来又去买了礼物寄给她。

3. 现在，每年的母亲节“我”会做什么？

   给母亲打一个电话，寄一件礼物。

二、听课文，按照事情发生的顺序重新排列下面的句子。5-3-3

1. 女儿要求跟“我”一起去买菜，“我”答应了。
2. 女儿付了花的钱。
3. “我”看到了女儿写的话。
4. 女儿换了衣服，背了小包跟“我”一起出门。
5. 女儿送给“我”花和卡片。
6. 女儿陪“我”在菜市场里买菜。

7. 女儿让“我”挑一枝最美的康乃馨。

8. “我”打开了卡片。

9. 女儿让“我”跟她去卖花的人那里。

10. “我”才知道女儿非常爱我。

（1）→（4）→（6）→（9）→（7）→（2）→（5）→（8）→（3）→（10）

三、听句子，完成填空。 5-3-4

1. 女儿跟着我在菜市场里转了一个小时左右，一句抱怨的话都没有。
2. 女儿从她的小包里拿出钱包，把钱付了。然后，又从小包里拿出一张卡片，和花一起交到我手里。
3. 我紧紧地抱住了女儿：现在我知道了，女儿来菜市场，就是为了买一枝花送给我。
4. 现在，每年的母亲节我都要给母亲打一个电话，寄一件礼物。

四、复述与讨论。

1. 假设你是课文中的女儿，请复述一下这个故事。
2. 你知道父亲节和母亲节分别是哪一天吗？
3. 这两个节日里，你一般为父母做些什么，或者送他们什么礼物？
4. 你重视父亲节和母亲节吗？为什么？

4 迈克在中国过圣诞

导 听 5-4-2

意大利人迈克在上海的一所大学教服装设计。去年圣诞节是他在中国的第一个圣诞节，他过得怎么样呢？请听课文。

课文

5-4-3

我叫迈克，去年，我从意大利来到上海的一所大学教服装设计。圣诞节不是中国的节日，中国人圣诞节的时候不放假，所以，我就不能回意大利去跟家人一起度过这个节日。想到要过一个孤单的圣诞节，我的心情很不好。就在这时，我得到了学生们的邀请，他们要为我举行一个圣诞晚会。

那天傍晚，我到了举行晚会的大教室。教室里有一棵很大的圣诞树，上面挂着很多小小的彩色的灯，非常美。我一进去，学生们就用英文唱起了圣诞歌，让我感到非常亲切。接着，我用意大利语教他们唱了一首我最喜欢的圣诞歌。他们学得很认真，很快就唱得比我还好了。

接着，女生全都跑了出去，只留下我跟男生在教室里。大约十五分钟以后，她们回来了，每个人都穿着一条新裙子！原来，这些都是她们自己设计并且赶在圣诞节前做出来的，就是为了在晚会上穿给我看，算是给我这个教设计的老师的圣诞礼物。其中有几条裙子设计得真不错，我感动极了！

女生表演完，男生又给了我一个惊喜。他们每人都拿出了一道中国菜。“每个女生做一条裙子，每个男生做一道菜。”这就是晚会的要求。有的男生从来没有做过菜，就让爸爸妈妈教，然后自己试着做。有的外地学生住在学校宿舍，不方便做菜，他们就想办法去借做菜的地方和工具。菜是白天就做好的，到傍晚早就凉了。不过，不用担心，细心的同学们借来了微波炉放在教室里。那十几道中国菜，有的既好吃又漂亮，有的味道很一般，看上去也不美，但这有什么关系呢？学生们的心意比什么都宝贵！

我真高兴没有回国过圣诞节，我更高兴有这样一群可爱的中国学生！

练　习

一、听课文，回答问题。5-4-3

1. 圣诞节快来了，迈克的心情怎么样？为什么？

   想到要过一个孤单的圣诞节，他的心情很不好。

2. 迈克跟谁一起过圣诞节的？在哪里过的？

   在学校的一个大教室里跟他的中国学生们一起过的。

3. 过完圣诞节，迈克的心情有什么变化？

   他很高兴没有回国过圣诞节，更高兴有一群可爱的中国学生。

二、听课文，选择正确的答案。5-4-4

（ C ）1. 关于这个圣诞节，下面哪一个不正确？

A. “我”没有假期

B. “我”本来很想回意大利

C. 是一个孤单的圣诞节

D. 学生们邀请“我”一起过

（ C ）2. “我”来到举行晚会的大教室后，下面哪一个不正确？

A. “我”看到一棵很大很漂亮的圣诞树

B. 学生们唱英文歌迎接“我”

C. 学生们教“我”唱一首他们最喜欢的圣诞歌

D. 学生们很快就学会了一首“我”用意大利语唱的圣诞歌

（ A ）3. 关于女生做裙子，下面哪一个不是原因？

A. 女生喜欢穿得漂亮一些

B. 这是晚会的要求

C. 让“我”看看她们学会了服装设计

D. 算是给“我”的圣诞礼物

（ B ）4. 在准备中国菜时，男生们想办法解决了很多问题，下面哪一个不是？

A. 菜留到傍晚已经冷了

B. 有的菜不漂亮，味道也不好

C. 有的男生没有做菜的地方和工具

D. 有的男生不会做菜

（ D ）5. 关于这个圣诞晚会，下面哪一个不正确？

A. “我”看到了学生们自己设计的裙子

B. “我”尝到了学生们亲手做的菜

C. “我”教会了学生们一首圣诞歌

D. “我”带回家很多礼物

三、听下面一段话，完成填空。 5-4-5

女生全都跑了出去，只留下我跟男生在教室里。大约十五分钟以后，她们回来了，每个人都穿着一条新裙子！原来，这些都是她们自己设计并且赶在圣诞节前做出来的，就是为了在晚会上穿给我看，算是给我这个教设计的老师的圣诞礼物。

四、听句子，并跟读。 5-4-6

1. 我真高兴没有回国过圣诞节，我更高兴有这样一群可爱的中国学生！
2. 我真伤心儿子成绩不好，我更伤心儿子不诚实。
3. 我真失望爸爸妈妈没有给我生日礼物，我更失望他们根本忘了我的生日。

五、复述：假设你是迈克的学生，讲一讲你们是怎么过这个圣诞节的。

5 副总经理家的聚会

导 听

5-5-2

圣诞节不是中国的节日，所以圣诞节前一天的平安夜，大多数中国人都不重视。年轻人可能会跟朋友一起过，也可能根本就不过。但是去年的平安夜，小李和同事们却得到了一个特别的邀请。是谁邀请他们的呢？邀请他们做什么呢？请听课文里小李讲的故事。

课 文

5-5-3

我们公司不大，一共才 40 多个人。总经理是美国人，妻子和孩子都在美国，所以每年圣诞节他都要飞回美国去。除了他自己，公司里的所有人都是正常上班。

去年圣诞节前一周，大家突然收到新来的副总经理的电子邮件，上面写着：

“各位同事：

首先祝大家圣诞节快乐！

这封电子邮件和工作没有关系。这是我的邀请。我邀请大家平安夜下班后到我家去参加一个私人聚会。到时候，我会准备一些 pizza、巧克力、饮料、啤酒等东西，虽然很简单，但保证你不会饿肚子。你还可以听到一些好听的音乐，看到一些好看的杂志。如果你正好对那天晚上陆家嘴的烟花表演感兴趣，那你只要站在我家的阳台上就可以看个够！当然，最重要的，我们可以随便聊聊，互相多一些了解。如果你有空，也有兴趣，就来放松一下吧！除了你自己，你还可以带家人或者朋友一起来，但不需要带任何礼物。

为了更好地准备，我需要提前知道有多少人参加。不管你来不来，请在今、明两日把你的决定告诉我。

最后，欢迎大家都来，我希望到时候能见到你们！”

这封信让大家感到新鲜。一方面，这位副总经理是新来的，大家对他还不熟悉；另一方面，从来没有领导以这样平等的态度请所有的职员去自己家里。小李也很想去，可惜平安夜那天正好家里有事。后来，听去了的同事说，那天晚上的气氛很好，大家都觉得副总经理很亲切，他的家人也很可爱。

从那以后，小李发现，只要是副总经理提出的工作要求，同事们都很愿意合作。

练　习

一、听课文，回答问题。5-5-3

1. 副总经理这封信的主要内容是什么？

   他请职员们在平安夜到他家里参加一个轻松随便的聚会。

2. 副总经理的聚会成功吗？从哪里可以知道？

   很成功。大家觉得气氛很好，觉得副总经理很亲切，他的家人很可爱，而且只要是副总经理提出的工作要求，大家都很愿意合作。

二、听课文，判断对错。5-5-4

（ √ ） 1. 总经理要回美国去过圣诞节。

（ √ ） 2. 圣诞节“我们”还是要上班。

（ × ） 3. 副总经理邀请“我们”圣诞节那一天去他家。

（ × ） 4. “我们”要保证不饿着肚子去参加聚会。

（ × ） 5. 副总经理请大家听音乐会和看烟花表演。

（ √ ） 6. 副总经理家可以看到陆家嘴。

（ √ ）7. 大家可以带家人或者朋友一起去。

（ √ ）8. 副总经理希望今天或明天就知道有哪些人参加聚会。

（ √ ）9. 小李很想参加聚会，但家里有事没去。

（ × ）10. 聚会后，副总经理在工作上给大家提出很多要求。

三、听句子，完成填空。 5-5-5

1. 吃的东西虽然很简单，但保证你不会饿肚子。
2. 如果你正好对那天晚上陆家嘴的烟花表演感兴趣，那你只要站在我家的阳台上就可以看个够！
3. 如果你有空，也有兴趣，就来放松一下吧！
4. 从来没有领导以这样平等的态度请所有的职员去自己家里。

四、讨论。

1. 如果你收到这封电子邮件，你有没有兴趣参加这个聚会？为什么？
2. 如果你是一个公司的领导，你会不会邀请职员们去自己家聚会？为什么？

6 我的第一个圣诞节

导听 5-6-2

二十世纪七十年代出生的中国人，很多到八十年代才知道“圣诞节”这个名词，到九十年代才开始庆祝这个节日。下面，请听一位七十年代出生的中国人回忆她第一次过圣诞节的情况。

课文 5-6-3

我第一次过圣诞节是在我大学一年级的时候，那还是二十世纪九十年代初。圣诞节前的半个月，学校附近的商店、酒吧，都在玻璃窗上写着“圣诞快乐”的字，画着白色的雪花；礼品店里，漂亮的圣诞卡一块钱一张，卖得很火；大学的食堂、教室、宿舍的门口，圣诞舞会的海报也有不少。到处都是圣诞节的气氛。

我们宿舍的八个女生决定：圣诞前夜，先去吃肯德基，然后去学校的舞厅跳舞。那时候对学生来说，肯德基算是比较贵的食品。一个同学因为太兴奋，刚拿到一杯热的饮料，就全打翻在我的腿上。还好，因为裤子厚，我没有被烫疼，但是吃东西的时候，我的腿上始终湿湿凉凉的，太不舒服了。

然后我们回到宿舍，换上最好看的衣服，一起去学校的舞厅。没想到舞厅里已经挤满了人，不再让人进去了。可是就这么回宿舍去，实在太没意思了，去图书馆也是不可能的。我们就站在舞厅外面聊天，旁边还有不少人跟我们一样在外面等着。聊了大概有十几分钟，里面一下子出来了二三十个人，我们就借这个机会挤了进去。刚进去的时候，人多得根本没法好好跳。大家似乎只是想待在这个舞厅里面，跳不跳舞并不重要。舞会结束前半个小时左右，人渐渐少了，我们总算舒舒服服地跳了一会儿。

现在想想，其实我的第一个圣诞节，过得跟圣诞没有什么关系，也没有什么意思。但因为是第一次跟同学一起过一个有名的洋节日，我那时还是非常兴奋。

练　习

一、听课文，回答问题。5-6-3

1. “我们”宿舍的女生是怎么过平安夜的？

先去吃肯德基，然后去学校的舞厅跳舞。

2. 关于“我”的第一个圣诞节，“我”那时的感觉和现在有什么不一样？

那时“我”很兴奋，现在觉得没什么意思。

二、听课文，选择正确的答案。 5-6-4

（ D ）1. 圣诞节前到处是节日的气氛，下面哪一个课文没有提到？

A. 学校附近商店的玻璃窗上都写着“圣诞快乐”

B. 礼品店里很多人买圣诞卡片

C. 学校里很多地方都有圣诞舞会的海报

D. 同学们都给家里人寄圣诞礼物

（ D ）2. 在肯德基，发生了什么没想到的事？

A. 价钱太贵了

B. 饮料太热了

C. 人太多了

D. “我”的裤子弄湿了

（ C ）3. 去舞厅时，发生了什么没想到的事？

A. 有几个同学想去图书馆了

B. 有几个人想回宿舍了

C. 舞厅里人太多，“我们”不能进去

D. “我们”人太多，不能全部进去

（ B ）4. 进入舞厅后，情况怎么样？

A. 半小时后“我们”才能跳舞

B. “我们”只跳了半个小时舞

C. 人们都在里面聊天

D. 大家都不想跳舞

三、听句子，完成填空。 5-6-5

1. 漂亮的圣诞卡一块钱一张，卖得很火。

2. 一个同学因为太兴奋，刚拿到一杯热的饮料，就全打翻在我的腿上。

3. 舞厅里一下子出来了二三十个人，我们就借这个机会挤了进去。
4. 刚进去的时候，人多得根本没办法好好跳。

四、讨论。

1. 在你自己的国家，圣诞节你是怎么过的？
2. 在中国，圣诞节你一般怎么过？

6 城市飞人

LESSON SIX

1 白领小丁

导 听

6-1-2

小丁在一家著名的大公司工作，经常要去不同的城市出差，这对她的生活有什么影响呢？请听课文。

课 文

6-1-3

今年32岁的小丁在一家著名的公司工作，公司在全国各地都有分公司，出差的机会特别多。因此，小丁坐飞机就好像别人坐出租汽车一样平常。你看，星期一早上6点45分，小丁提着行李到了机场，从广州飞到了上海；中午12点半，她完成了上海的工作，带上行李又去了机场。但她不是飞回广州的家，而是去下一个地方——北京。下午到达北京后，她马上开始工作，一直到晚上10点才结束。休息一个晚上后，第二天早上8点10分，她又要从北京飞往西安，在那里有一个重要的会议等着她。

这样的生活，对小丁来说是太平常了。最忙的时候，她一个星期飞了四个城市，所以每天早上闹钟响起来的时候，她总要先想一想，才能确定这一天她是在哪一个城市。这已经成为了她的一种习惯。

很多朋友看到她经常飞来飞去，认为她的生活特别精彩。但小丁自己根本不这么想。由于经常出差，工作压力大，生活没有规律，她得了严重的胃病，常常失眠，体重不断增加，还越来越容易发脾气。家里人都很担心她，劝她换一个不需要经常出差的工作，告别现在的“飞人”生活。

练　习

一、听课文，回答问题。 6-1-3

1. 小丁为什么经常飞来飞去？

   因为她在一家著名的公司工作，公司在全国各地都有分公司，出差的机会特别多。

2. 经常出差使小丁养成了什么习惯？

   每天早上闹钟响起来的时候，她总要想一想这一天她在哪一个城市。

3. 经常出差对小丁的身体有哪些不好的影响？

   她得了严重的胃病，常常失眠，体重不断增加，还越来越容易发脾气。

4. 对小丁的工作，朋友、家人和小丁自己分别有什么看法？

   朋友们认为她的生活特别精彩，但小丁自己不这么想。小丁的家人很担心她，想劝她换一个工作。

二、听课文，选择正确的答案。 6-1-4

（ A ）1. 小丁的家在哪个城市？

　　A. 广州

　　B. 西安

C. 北京

D. 上海

(B)2. 星期一小丁去了几个城市？

A. 一个

B. 两个

C. 三个

D. 四个

(B)3. 小丁为什么每天早上都要想一想自己在什么地方？

A. 因为她要决定每天的工作

B. 因为她经常在不同的城市出差

C. 因为她要确定今天是不是要出差

D. 因为她一周要飞四个城市

(A)4. 关于小丁，下面哪一个是正确的？

A. 越来越容易生气

B. 天天腰酸背疼

C. 经常头疼

D. 体重越来越轻

(A)5. 关于小丁，下面哪一个课文中没有提到？

A. 她下个月要换工作

B. 她不太喜欢自己现在的工作

C. 朋友们认为她的生活很精彩

D. 她的最高记录是一周飞四个城市

三、听句子，并跟读。 6-1-5

1. 小丁坐飞机就好像别人坐出租汽车一样平常。
2. 下午到达北京后，她马上开始工作，一直到晚上 10 点才结束。休息一个晚上后，第二天早上 8 点 10 分，她又要从北京飞往西安，在那里有一个重要的会议等着她。

3. 每天早上闹钟响起来的时候，她总要先想一想，才能确定这一天她在哪一个城市。
4. 很多朋友看到她经常飞来飞去，认为她的生活特别精彩。但小丁自己根本不这么想。
5. 家里人都很担心她，劝她换一个不需要经常出差的工作，告别现在的“飞人”生活。

四、讨论。

1. 经常出差严重影响了小丁的生活和身体，如果你是小丁的朋友或者家人，你会给她什么建议？
2. 如果有一份要经常坐飞机出差的工作，你会做吗？为什么？

2 经理小陈

导 听 6-2-2

因为工作的关系，小陈的生活越来越离不开飞机。她是不是能适应这种生活呢？她对这样的生活有什么看法呢？请听课文。

课 文 6-2-3

小陈是一家公司的采购部经理，工作非常忙。一般每个月至少要飞两到三次，最忙的时候一个星期就要飞两次。很多人认为在飞机上比较无聊，干不了什么事情，但是小陈不这么想。她认为飞机上的时间是工作的“黄金时间”，因为手机关掉了，没有人打扰你，你可以安静地想任何问题，这个时候的工作效率特别高。正是因为这个，小陈很少在飞机上跟别人聊天儿，而是一上飞机就开始考虑下飞机以后要见什么人，要做什么事，怎么做比较好等等。因为考虑得比较充分，她下飞机后，工作起来也比较顺利。

小陈什么都能吃，在哪儿都能睡，脾气也好，即使飞机误点也不生气，而是赶紧想办法跟要见的人打招呼，另外约时间。所以，很多同事都说，小陈就是应该当“飞人”。

事实上，小陈也已经习惯了经常出差。如果很长时间不出差，她就会感到不舒服，好像总有什么事情没办好。就在她怀孕七个月的时候，她还在飞来飞去。朋友们都有点儿担心她，她自己却一点儿也不紧张。但是，你可别以为小陈喜欢做“飞人”，她只是因为工作需要才这样。

练　习

一、听课文，判断对错。6-2-4

（ × ）1. 小陈一般每个星期飞两到三次。

（ × ）2. 小陈认为飞机上的时间是休息的“黄金时间”。

（ × ）3. 小陈上飞机后会马上跟要见的人联系。

（ √ ）4. 小陈在飞机上的工作效率很高。

（ × ）5. 虽然经常出差，但小陈还是不太习惯。

（ × ）6. 如果长时间不出差，小陈会感到比较舒服。

（ × ）7. 小陈怀孕后坐飞机出差，朋友们都很担心她，她自己也有一点儿紧张。

（ × ）8. 小陈适合做“飞人”，也很喜欢做“飞人”。

二、听课文，回答问题。6-2-3

1. 为什么小陈认为飞机上的时间是工作的“黄金时间”？

   因为在飞机上，手机关掉了，没有人打扰她，她可以安静地想任何问题，这个时候的工作效率特别高。

2. 小陈有哪些特点适合做“飞人”？

   她什么都能吃，在哪儿都能睡，脾气也好，飞机误点也不生气，而是赶紧想办法跟要见的人打招呼，另外约时间。

三、听句子，并跟读。6-2-5

1. 小陈一般每个月至少要飞两到三次，最忙的时候一个星期就要飞两次。
2. 很多人认为在飞机上比较无聊，干不了什么事情，但是小陈不这么想。
3. 小陈很少在飞机上跟别人聊天儿，而是一上飞机就开始考虑下飞机以后要见什么人，要做什么事，怎么做比较好等等。
4. 如果很长时间不出差，她就会感到不舒服，好像总有什么事情没办好。
5. 朋友们都有点儿担心她，她自己却一点儿也不紧张。
6. 你可别以为小陈喜欢做“飞人”，她只是因为工作需要才这样。

四、讨论。

1. 你认为飞机上的时间最适合用来做什么事？为什么？
2. 你认为什么样的人适合做“飞人”？

3 工程师小沙

导 听

6-3-2

工程师小沙常常说一句话："我不在飞机上，就在去机场的路上。" 这是什么意思呢？请听课文。

课 文

6-3-3

小沙是一家大公司的技术工程师，一般每个星期要去两到三个城市做技术服务。

飞机上的时间小沙一般用来阅读，从各种报纸、杂志到专业书籍，了解各种信息。小沙是星期一到星期五完全投入工作的"24小时工作者"，在外地出差时，不仅要修理机器，为客户解答问题，还要在宾馆上网，处理其他工作。他的工作非常忙，根本没有时间去游览当地的风景名胜。比如北京，他已经去过无数次了，但长城一次也没有去过。可小沙并不感到遗憾，他说，"我是去工作的，并不是去旅游的。如果是去旅游，那我当然要去长城了！"

在飞机上，小沙很少先和别人说话，但是如果有人跟他聊，他也不会拒绝。事实上，在飞机上认识的朋友，很多也是经常出差的，如果大家聊得愉快，还有可能变成生活中的朋友。互相留个电话，有机会的话，下次还可以一起"飞"。

对小沙来说，吃些什么不是问题，睡在哪里也不是问题，天气怎样更不是问题。他非常享受现在的"飞人"生活。他开玩笑说："我不在飞机上，就在去机场的路上"。

练　习

一、听课文，选择正确的答案。6-3-4

（ C ）1. 小沙一般在飞机上做什么？

A. 吃东西

B. 找人聊天

C. 看书

D. 听音乐

（ D ）2. 小沙在外地出差时，要做什么？

A. 检查生产车间

B. 陪客户吃饭

C. 游览当地的名胜

D. 在宾馆上网、处理工作

（ C ）3. 小沙在飞机上跟人聊天的条件是什么？

A. 自己的心情好不好

B. 对方的心情好不好

C. 对方是不是主动

D. 对方是不是白领

（ D ）4. 关于小沙，下面哪一个是正确的？

A. 小沙经常去北京，去过好几次长城

B. 小沙没去过北京，没去过长城

C. 小沙去过好多次北京，只去过一次长城

D. 小沙经常去北京，没去过长城

（ B ）5. 关于小沙在飞机上认识的人，下面哪一个不正确？

A. 他们中的一些人经常出差

B. 他们都成了小沙生活中的朋友

C. 他们有的成了小沙生活中的朋友

D. 他们有时会约小沙一起“飞”

二、听课文，回答问题。6-3-3

1. 周三夜里两点和周六上午十点，哪一个时间小沙更可能在工作？为什么？
   周三夜里两点。因为小沙是星期一到星期五完全投入工作的“24小时工作者”。

2. 对于出差时没时间游览风景名胜，小沙是怎么想的？怎么说的？
   小沙并不感到遗憾，他说“我是去工作的，并不是去旅游的。如果是去旅游，那我当然要去长城了！”

3. 很多人觉得“飞人”生活太辛苦，但小沙却很享受。这是为什么？
   因为对小沙来说，吃些什么不是问题，睡在哪里也不是问题，气候怎样更不是问题。

4. 小沙开玩笑说：“我不在飞机上，就在去机场的路上”。这句话是什么意思？
   这句话表示小沙大部分时间都在飞来飞去。

三、听句子，并跟读。6-3-5

1. 飞机上的时间小沙一般用来阅读，从各种报纸、杂志到专业书籍，了解各种信息。
2. 小沙是星期一到星期五完全投入工作的“24 小时工作者”。
3. 北京，他已经去过无数次了，但长城一次也没有去过。
4. 在飞机上，小沙很少先和别人说话，但是如果有人跟他聊，他也不会拒绝。
5. 在飞机上认识的朋友，很多也是经常出差的，如果大家聊得愉快，还有可能变成生活中的朋友。

四、讨论。

1. 你在飞机上跟别人聊过天吗？一般会聊些什么？
2. 你认为在飞机上认识的朋友可能成为你生活中的朋友吗？为什么？

4 时尚买手的生活

导 听

6-4-2

有一些人，他们的工作就是去世界各地挑选最时尚、最有特点、最能象征地位的商品，用合适的价格买下来，然后提供给某个地区的大商场。这种职业叫作“买手”。下面请听一位北京的时尚买手的经历。

课 文

6-4-3

“今天在纽约谈生意，明天在伦敦看表演，上午在上海订合同，晚上在香港逛酒吧，穿意大利时装，戴瑞士手表，喝蓝山咖啡，吃中国菜。”这正是我们时尚买手的生活。一年中我要花七个月满世界去找商品、看价格、与各国的商家进行沟通。为了交流方便，我学了好几种语言，可是每种只会一点儿，内容全是跟还价有关的。我每次一离开北京就是10多天，我的最高记录是连续两个月在世界各地做“飞人”，从地球的这一边飞到地球的那一边，从东方的古老市场到西方的现代商场。我还去东京、巴黎等地方参观各种贸易展览，挑选最好的商品、了解最新的时尚信息。

很多人都羡慕我的职业，不用自己花钱就可以游览全世界，还可以去最好的商业中心采购，我也是这么想的。第一次走上国外的商业大街时，我兴奋极了，我见到了那么多从来没有见过的商品。现在我对那些地方已经很熟悉了，哪条街上有哪些商店我都清清楚楚。但是，只要这些商业街上一出现新的商品，我的眼睛就会突然亮起来，激动得不得了。谁让我爱上了这份工作呢！

练习

一、听课文，判断对错。6-4-4

(×) 1. 一年中“我”要花七个月在全国各地找合适的商品。

(√) 2. 为了和各国的商家进行沟通，“我”学了很多种语言。

(×) 3. “我”外语说得很好，特别是跟还价有关的。

(×) 4. “我”每次一离开北京就是一两个月。

(√) 5. “我”的最高记录是连续两个月在世界各地做“飞人”。

(×) 6. “我”主要通过国外的时尚杂志来了解最新的时尚信息。

(×) 7. “我”并不觉得我的职业值得羡慕。

(×) 8. 现在“我”对国外的商业大街已经很熟悉了，不会感到兴奋了。

二、听课文，回答问题。6-4-3

1. “我”的职业有哪些好处？

   不用自己花钱就可以游览全世界，还可以去最好的商业中心采购。

2. “我”刚开始做这份工作时心情怎么样？为什么？

   我兴奋极了。因为我在国外的商业大街上看见了很多从来没有见过的商品。

3. “我”现在对这份工作还有热情吗？从哪里可以知道？

   有热情。只要这些商业街上一出现新的商品，我的眼睛就会突然亮起来，激动得不得了。

三、听句子，完成填空。6-4-5

1. “今天在纽约谈生意，明天在伦敦看表演，上午在上海订合同，晚上在香港逛酒吧，穿意大利时装，戴瑞士手表，喝蓝山咖啡，吃中国菜。”这正是我们时尚买手的生活。

2. 一年中我要花七个月满世界去找商品、看价格、与各国的商家进行沟通。

3. 为了交流方便，我学了好几种语言，可是每种只会一点儿，内容全是跟还价有关的。
4. 我的最高记录是连续两个月在世界各地做“飞人”，从地球的这一边飞到地球的那一边，从东方的古老市场到西方的现代商场。
5. 现在我对那些地方已经很熟悉了，哪条街上有哪些商店我都清清楚楚。
6. 只要这些商业街上一出现新的商品，我的眼睛就会突然亮起来，激动得不得了。

四、讨论：“时尚买手”的工作对你有吸引力吗？为什么？

5 给白领飞人的健康建议

导 听

6-5-2

一些需要经常飞来飞去的白领，因为生活没有规律、压力太大、睡眠不足、不能按时吃饭等原因，身体受到很大的影响。课文为他们提供了一些建议。

课 文

6-5-3

一、带点儿健康零食。

吃饭时间不固定，胃就容易出毛病。出差的时候也要尽量按时吃饭。如果是坐晚上8点以后的飞机，最好在上飞机前吃晚饭。实在做不到的话，可以带一些饼干、水果，或者其他比较健康的零食，在飞机上吃一点儿。

二、提前三天准备适应时差。

受时差影响大的人，可以在三天前开始在食物上做一些准备：第一天吃得饱一些，白天应该吃牛奶、鸡蛋等食物，晚饭应该吃含糖的食品，晚上不要喝咖啡或者茶，这样会睡得比较好。第二天不要吃得太多，主要吃一些含糖少、热量低的食物，下午不要喝咖啡或者茶。第三天和第一天一样。

三、用热水泡脚，睡得好。

无论工作多忙，压力多大，睡觉前都不要想得太多。洗完澡后，可以用热水泡泡脚，这样能够放松心情，睡得又快又香。

四、多喝果汁，多活动胳膊和腿。

尽量多喝水和果汁，不要喝酒。飞长途的人，最好穿舒适的衣服、裤子和鞋子。每两个小时就应该站起来走一走、动一动，或者在座位上做一些简单的锻炼，比如伸伸胳膊、活动活动腿什么的。

练　习

一、听课文，记录四条建议的内容。 6-5-3

1. 带点儿健康零食。
2. 提前三天准备适应时差。
3. 用热水泡脚，睡得好。
4. 多喝果汁，多活动胳膊和腿。

二、听课文，选择正确的答案。 6-5-4

（ C ）1. 关于吃东西，下面哪一个是正确的？

A. 吃饭时间不固定，胃一定会出毛病

B. 出差也一定要按时吃饭

C. 坐晚上 8 点以后的飞机，最好在上飞机前吃饭

D. 在飞机上要多吃一点儿饼干和水果

（ D ）2. 关于适应时差，下面哪一个是正确的？

A. 要提前三天开始在睡眠上做一些准备

B. 第一天要吃得饱一些，第二天和第三天不要吃得太多

C. 第一天晚上可以喝一些咖啡或茶，但第二天和第三天不要喝

D. 第一天和第三天晚上吃含糖的食品，第二天吃含糖少的食品

（ B ）3. 关于泡脚，下面哪一个是正确的？

A. 洗澡前先泡脚

B. 洗澡后泡脚

C. 用冷水泡脚

D. 泡脚前不要想得太多

（ B ）4. 在飞机上，下面哪一个是正确的？

A. 要多喝水和果汁，少喝酒

B. 要穿舒适的衣服、裤子和鞋子

C. 每隔半小时就要站起来走一走、动一动

D. 要在走道上做一些简单的锻炼

三、讨论。

1. 这些建议中，有哪些对你乘飞机有用？
2. 你还有什么别的建议给“白领飞人”吗？

6 现代蒲公英

导 听

6-6-2

现代社会，越来越多的人为了学习或者工作经常搬家，不会在

同一个城市一直住下去。这些人就像蒲公英一样，经常飘来飘去。请听小王和小范的故事。

课 文

（一）我的户口在哪里 6-6-3

小王在东北长大，在上海读大学，又到北京进修了几年，后来到广州工作过一段时间，并且在那里结了婚，有了孩子。现在，小王住在武汉，是一家外国企业的经理。小王在武汉努力工作了六年，房子、汽车都有了，基本算是在这个城市安家了。今年9月，儿子要上小学了，报名需要户口。小王想了半天，从家乡走出来读书，再到后来的工作，户口转过一两次，可很多年没有用了，一下子想不起来，现在的户口到底在哪一个城市。看来，他还得回到以前生活过的那些城市，才能找回自己的户口。

（二）一个人几个家 6-6-4

小范在上海开了一家电脑公司，他觉得上海是个发展事业的好地方，所以他不会离开上海。他住在上海的市中心，又在郊区买了一套大房子给父母住。两位老人平时在家种种蔬菜，呼吸呼吸新鲜空气，身体健康，心情也好。三年前，为了让儿子得到更好的教育，小范一家移民到了美国，现在妻子和儿子都在美国，但小范大多数时间都在上海忙他的工作。平时下班后，只要时间还早，他总会去父母家吃个饭，陪陪老人。到公司放假的时候，他就会飞到美国去看看妻子和孩子。小范说："我一个人几个家，来去自由，这样的日子也挺好的。"

练　习

一、听课文一，根据小王的情况连线。6-6-3

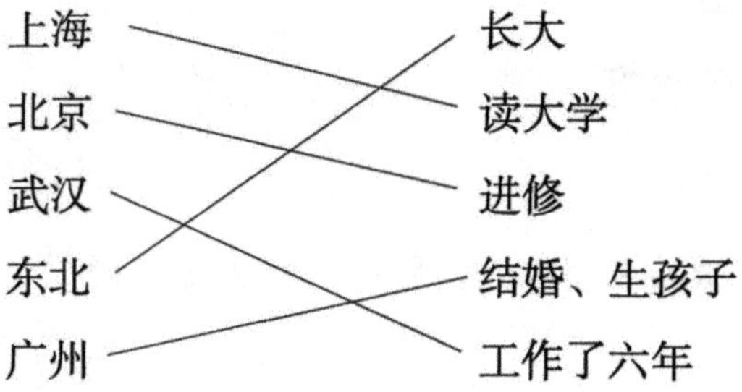

二、听课文一，回答问题。6-6-3

1. 小王现在在哪里安家？

   武汉。

2. 小王为什么要户口？

   他的儿子今年9月要上小学了，报名需要户口。

3. 小王为什么不知道自己的户口在哪里？

   他从家乡走出来读书，再到后来的工作，户口转过一两次，可很多年没有用了，一下子想不起来，现在的户口到底在哪一个城市。

4. 小王怎么样才能找回自己的户口？

   他还得回到以前生活过的那些城市，才能找回自己的户口。

三、听课文二，根据小范的情况，回答问题。6-6-4

1. 小范有几个家？分别在哪里？

   他有三个家。分别在上海的市中心、上海的郊区和美国。

2. 小范为什么不离开上海？

   他在上海开了一家电脑公司，他觉得上海是个发展事业的好地方。

3. 小范为什么要在郊区给父母买大房子？

两位老人平时在家可以种种蔬菜，呼吸呼吸新鲜空气，身体健康，心情也好。

4. 小范一家为什么要移民到美国？

因为他想让儿子得到更好的教育。

5. 小范觉得他现在的生活怎么样？

他说："我一个人几个家，来去自由，这样的日子也挺好的。"

动　物

7 LESSON SEVEN

1 鸟妈妈的爱

导　听　7-1-2

母亲都爱孩子，都会保护孩子。人是这样，动物也是这样。课文中就讲了一个鸟妈妈保护自己孩子的故事。

课　文　7-1-3

有一年，美国的一个国家公园发生了一场大火。大火过后，工作人员到公园里去调查原因。他们在一棵大树底下发现了一只大鸟，已经被烧死了。一位工作人员正要离开时，突然看到这只大鸟的翅膀动了一下，他吓了一跳，以为自己看错了：大鸟明明已经死了，怎么会动呢？他揉了揉眼睛，又看了一眼那只大鸟。这一回，他清清楚楚地看到：大鸟的翅膀又动了一下！难道大鸟的身体下面有什么东西吗？工作人员走过去，小心地把大鸟移开，才发现大鸟的翅膀下面躲着几只出生不久的小鸟！原来，鸟妈妈知道小鸟不会飞，如果树烧起来，小鸟很可能会被烧死。即使不被烧死，大火的浓烟也会让小鸟无法呼吸。因此，大火烧起来的时候，大鸟不是自己飞走，而是把小鸟赶到树下，用自己的身体来保护它们。虽然大火烧到了大鸟，可它仍然一动也不动，保护着身体下面的小鸟，用自己的生命换来了孩子们的生命。

练　习

一、听课文，判断对错。7-1-4

(√) 1. 美国的一个公园发生了大火。

(×) 2. 工作人员是去公园里救火的。

(×) 3. 工作人员在一棵大树上发现了一只大鸟。

(×) 4. 大鸟被大火烧伤了，但没有死。

(√) 5. 大鸟的翅膀下面有几只小鸟。

(×) 6. 大鸟下面的小鸟吓坏了，一动也不动。

二、听课文，选择正确的答案。7-1-5

(C) 1. 大鸟的翅膀动了一下，这是因为什么？

A. 大鸟没有死

B. 大鸟又活过来了

C. 大鸟下面有活着的小鸟

D. 工作人员看错了

(D) 2. 大鸟为什么不飞走？

A. 小鸟不让它飞走

B. 它来不及飞走

C. 它要和小鸟死在一起

D. 它要保护小鸟

(A) 3. 大鸟是怎么保护小鸟的？

A. 把小鸟赶到树下，用自己的身体保护它们

B. 带着小鸟一起飞走

C. 跟小鸟一起飞到树下

D. 把小鸟赶到树下，然后自己飞走

（ C ）4. 下面哪一个不是大鸟这么做的理由？

A. 小鸟不会飞

B. 小鸟在树上可能会被烧死

C. 小鸟可能会吓得摔到树下

D. 浓烟可能让小鸟不能呼吸

三、听句子，完成填空。 7-1-6

1. 工作人员吓了一跳，以为自己看错了。
2. 他揉了揉眼睛，又看了一眼那只大鸟。这一回，他清清楚楚地看到：大鸟的翅膀又动了一下。
3. 大火烧起来的时候，大鸟不是自己飞走，而是把小鸟赶到树下，用自己的身体来保护它们。
4. 虽然大火烧到了大鸟，可它仍然一动也不动，保护着身体下面的小鸟，用自己的生命换来了孩子们的生命。

四、讨论：如果用一个形容词来形容鸟妈妈，你会用哪个？为什么？

2 美洲虎为什么没精神

导听 7-2-2

现在，世界上的美洲虎越来越少，南美洲某个国家的动物园里就有一只，它受到工作人员特别的保护，吃得好，住得也好，可是它却整天没什么精神。这是为什么呢？请听课文。

课文 7-2-3

南美洲某个国家的动物园里有一只美洲虎，它受到特别的重视。工作人员一日三顿都会给它送来好吃的肉，它吃饱了就在自己的房间里睡觉。如果它愿意，也可以在6万平方米的生活区里自由活动。它散步时会碰到大群的牛和羊，可是它对这些牛和羊根本没有兴趣，连看都很少看它们一眼。大部分时间，它只是在自己的房间里或者在房间的附近吃吃睡睡，就连动物园特意为它请来的一只雌性的美洲虎，它也不太喜欢。见到它的人都说，这哪里是一只美洲虎，简直就像一只懒洋洋的大花猫！工作人员怎么也想不明白，他们那么周到地照顾这只美洲虎，它为什么还是整天没精神？

后来，有人建议在这只美洲虎的周围放上一两只凶恶一点儿的动物。工作人员经过研究，决定每顿都给这只美洲虎减少一些肉，还在它的生活区里放了两只狼和一只狮子。新来的狼和狮子对美洲虎一点儿也不友好，总是对着它大叫。奇怪的是，从那以后，美洲虎跟以前真的不太一样了。它很少在自己的房间里一睡就是半天了，相反地，它开始喜欢东走走西看看了，有时还会有点儿紧张的样子。它也不太喜欢吃工作人员送来的肉了，而是开始抓小牛、小羊等小动物来吃……总之，它变得精神起来了，开始有老虎的样子了。更让工作人员高兴的是，没过多久，它就让那只雌性的美洲虎怀了孕，并且生下了一只健康的小美洲虎！

练习

一、听课文，回答问题。 7-2-3

1. 什么问题让工作人员想不明白？

工作人员想不明白的是：他们那么周到地照顾这只美洲虎，它为什么还是整天没精神？

2. 为了解决问题，工作人员做了什么尝试？

工作人员每顿都给这只美洲虎减少一些肉，还在它的生活区里放了两只狼和一只狮子。

3. 工作人员的尝试让美洲虎有了什么变化？

结果美洲虎比以前精神了很多，开始有了老虎的样子，还让一只雌性的美洲虎怀孕并生下了一只健康的小美洲虎。

二、听课文，选择正确的答案。 7-2-4

（ C ）1. 这只美洲虎的生活条件很好，下面哪一个不能说明这一点？

A. 它有自己的房间

B. 它可以在6万平方米的生活区里自由活动

C. 它散步时能看到大群的牛和羊

D. 工作人员一日三顿给它送来好吃的

（ B ）2. 这只美洲虎总是懒洋洋的，下面哪一个不能说明这一点？

A. 它对那些牛和羊根本没兴趣

B. 它喜欢一只大花猫

C. 它大部分时间都在房间里或者附近吃吃睡睡

D. 它也不太喜欢动物园里的雌性美洲虎

（ A ）3. 后来，这只美洲虎的条件没有以前好了，下面哪一个不能说明这一点？

A. 它不太喜欢吃工作人员送来的肉了

B. 工作人员每顿给它的肉比以前少了

C. 它的生活区里出现了凶恶的狼

D. 它的生活区里出现了凶恶的狮子

（ D ）4. 后来，这只美洲虎开始有精神起来了，下面哪一个课文中没有提到？

A. 它很少在自己的房间里一睡就是半天了

B. 它开始东走走西看看了

C. 它开始抓一些小牛和小羊来吃了

D. 它对狼和狮子很不友好

(C) 5. 工作人员很高兴，下面哪一个不是原因？

A. 美洲虎开始有老虎的样子了

B. 美洲虎变得有精神了

C. 美洲虎自己生下了孩子

D. 美洲虎让那只雌性的美洲虎怀了孕

三、听句子，完成填空。 7-2-5

1. 它散步时会碰到大群的牛和羊，可是它对这些牛和羊根本没有兴趣，连看都很少看它们一眼。
2. 见到它的人都说，这哪里是一只美洲虎，简直就像一只懒洋洋的大花猫！
3. 新来的狼和狮子对美洲虎一点儿也不友好，总是对着它大叫。
4. 从那以后，美洲虎跟以前真的不太一样了。它很少在自己的房间里一睡就是半天了，相反地，他开始喜欢东走走西看看了，有时还会有点儿紧张的样子。
5. 总之，它变得精神起来了，开始有老虎的样子了。

四、讨论。

1. 听了这个故事，你认为这只美洲虎为什么没有精神？
2. 在现实生活中人有没有类似的情况？

3 聪明的乌鸦

导 听

7-3-2

人和动物的区别之一，就是人会使用工具，而动物却不会。其实，也有少数动物会使用工具，乌鸦就是其中的一种。请听课文。

课 文

7-3-3

说起乌鸦，人们常常会说它聪明，因为乌鸦能够像人类一样使用工具。

乌鸦喝水的故事非常有名：一只乌鸦口渴了，它看到一个瓶子，里面有水。可是水太浅，瓶口又太小，乌鸦的嘴伸不进去，喝不到水。于是，乌鸦找来很多小石头，一颗一颗地扔进瓶子里，瓶子里的水面渐渐升高。最后，乌鸦只要把嘴伸进瓶口一点点，就能喝到水了。

还有一次，一只乌鸦发现一条小虫躲在树洞里，它想吃小虫，可是树洞太小了，乌鸦的嘴伸不进去，吃不到。乌鸦试了几次都没成功，就飞走了。很快，它带着一根小树枝回来了。它把树枝伸进树洞里，过了一会儿，小虫子就从树枝上慢慢地爬了出来，一出来就被乌鸦吃掉了。

还有更让人吃惊的呢！在某个城市的十字路口总有一些乌鸦。红灯一亮，很多车辆就停了下来，这时，乌鸦就会飞过去，把一些坚果放在停着的车辆前，然后飞到旁边等着。过一会儿，绿灯亮了，车辆就开了。车一开，就把坚果压碎了，里面的果仁就露了出来。这时，乌鸦就飞过去把里面的果仁吃掉。

你看，乌鸦不但会利用简单的工具，还会使用简单的工具。

练 习

一、听课文，完成表格。7-3-3

	乌鸦想做的事	乌鸦遇到的困难	乌鸦使用的工具
第一个故事	喝水	水太浅，瓶口太小，嘴伸不进去	小石头
第二个故事	吃小虫子	树洞太小，嘴伸不进去	小树枝
第三个故事	吃果仁	坚果的壳太硬	十字路口的车辆

二、听课文，选择正确的答案。7-3-4

(C) 1. 在乌鸦喝水的故事里，下面哪一个是正确的？

A. 乌鸦找来一块大石头，站在石头上，就能把嘴伸到瓶子里喝水了

B. 乌鸦找来一块大石头，把瓶子打破，就喝到水了

C. 乌鸦把小石头放进瓶子，水面升高了，乌鸦就喝到水了

D. 乌鸦找来很多小石头，把瓶子放满，水就流出来了

(D) 2. 在乌鸦吃虫子的故事里，下面哪一个是正确的？

A. 树洞很小，虫子躲在里面，乌鸦试了好几次才吃到

B. 乌鸦试了好几次都不成功，就生气地飞走了

C. 乌鸦用小树枝伸进树洞，把小虫子夹了出来

D. 小虫子看到小树枝伸进洞口，就沿着小树枝爬了出来

(A) 3. 在乌鸦吃果仁的故事里，下面哪一个是正确的？

A. 乌鸦利用车辆把坚果压碎

B. 乌鸦把坚果扔在正在开的车辆上，坚果就碎了

C. 乌鸦会在十字路口乱飞

D. 乌鸦害怕车辆

三、听句子，并跟读。7-3-5

1. 水太浅，瓶口又太小，乌鸦的嘴伸不进去，喝不到水。
2. 乌鸦找来很多小石头，一颗一颗地扔进瓶子里，瓶子里的水面渐渐升高。
3. 树洞太小了，乌鸦的嘴伸不进去，吃不到小虫。
4. 它把树枝伸进树洞里，过了一会儿，小虫子就从树枝上慢慢地爬了出来。
5. 乌鸦飞过去，把一些坚果放在停着的车辆前，然后飞到旁边等着。
6. 车一开，就把坚果压碎了，里面的果仁就露了出来。

四、复述：分别听这三个小故事，然后复述，注意讲清楚乌鸦是怎么使用工具的。

4 海豚救人

导 听 7-4-2

海豚是人类的好朋友，世界上发生过很多次海豚救人的真实事件。课文讲的就是罗布先生的亲身经历。请听课文。

课 文 7-4-3

有一次，罗布带着15岁的女儿和女儿的两个朋友在海里游泳。他们游得正高兴时，突然来了几条海豚。海豚很快把罗布和孩子们紧紧地围在中间，不让他们游出去。罗布感到非常奇怪，他试着从两条较小的海豚中间游出去，但没有成功。就在这时，罗布突然看到一条大约三米长的大鲨鱼正朝他们游过来。大鲨鱼一定会把他们几个都吃了！

孩子们也看到了鲨鱼，害怕极了，有一个孩子吓得大叫起来。罗布虽然安慰那个孩子说："别怕别怕！"但事实上他自己也吓得要死，完全不知道该怎么办。没想到，大鲨鱼一游过来，海豚们就用尾巴用力拍打水面，不让大鲨鱼靠近。因为有海豚的保护，大鲨鱼始终没有办法真正靠近罗布和孩子们，只能在附近游来游去。大约20分钟后，大鲨鱼放弃了，很快地游走了。

等大鲨鱼游得很远很远，完全看不到了，那些海豚才让罗布和孩子们游了出去，并且一直跟在他们后面，把他们送到岸边。

罗布说，要不是那些海豚，他和孩子们早就成了大鲨鱼的食物了。现在他和孩子们最喜欢的动物就是海豚了。

练　习

一、听课文，回答问题。7-4-3

1. 罗布遇到了什么危险？

   罗布和孩子们在海边游泳时，一条大鲨鱼游了过来。

2. 是谁救了罗布和孩子们？

   几条海豚。

3. 这件事对罗布和孩子们有什么影响？

   现在罗布和孩子们最喜欢的动物就是海豚了。

二、听课文，选择正确的答案。7-4-4

（ C ）1. 大鲨鱼游过来时，有几个人在海里游泳？

A. 两个人

B. 三个人

C. 四个人

D. 五个人

(B) 2. 大鲨鱼有多长？

A. 两米

B. 三米

C. 四米

D. 五米

(A) 3. 大鲨鱼多长时间后才离开？

A. 20 分钟左右

B. 30 分钟左右

C. 40 分钟左右

D. 50 分钟左右

三、再听一遍课文，判断对错。 7-4-5

(×) 1. 只有罗布和他的女儿被海豚围住了。

(×) 2. 罗布感到有点儿紧张，试着把海豚赶走。

(√) 3. 罗布先看到海豚，然后看到了大鲨鱼。

(×) 4. 罗布自己并不害怕，但是几个孩子吓得大叫起来。

(×) 5. 海豚用尾巴拍打水面是为了不让罗布靠近它。

(×) 6. 大鲨鱼很害怕海豚的尾巴，就游走了。

(√) 7. 大鲨鱼离开后，海豚并没有马上离开。

(×) 8. 罗布和孩子们以前并不喜欢海豚，但是现在很喜欢。

四、按照事情发生的顺序重新排列下面的句子。

1. 罗布和孩子们在海边游泳。
2. 大鲨鱼放弃了，游走了。
3. 海豚等到大鲨鱼游得看不见了，才让罗布和孩子们游出去。
4. 几条海豚游过来，把罗布和孩子们围了起来。
5. 罗布和孩子们看到一条大鲨鱼正朝他们游过来。
6. 大鲨鱼没有办法真正靠近罗布和孩子们，只能在附近游来游去。

7. 罗布试着从两条海豚中间游出去，但没有成功。

8. 大鲨鱼游过来，海豚用尾巴拍打水面，不让它靠近。

9. 一个孩子吓得大叫起来，罗布安慰他。

10. 海豚把罗布和孩子们送到岸边才离开。

（1）→（4）→（7）→（5）→（9）→（8）→（6）→（2）→（3）→（10）

五、根据练习四的提示，复述这个故事。

5 丘吉尔港的北极熊

导 听

7-5-2

世界上的北极熊越来越少了。但是在加拿大的丘吉尔港，还是常常能看到北极熊，因为那里的天气非常适合北极熊生活，被人们认为是北极熊的故乡。请听课文。

课 文

7-5-3

丘吉尔港一年中有一半以上的时间是冬天。这正是北极熊喜欢的天气。北极熊身上有一层厚厚的毛，可以帮助它保持身体的温度。北极熊的毛是白色的，但它的皮肤却是黑色的，这从它的鼻子、眼睛等没有毛的地方可以清楚地看到。黑色的皮肤可以吸收更多的阳光，另外，北极熊的皮肤下面有一层厚厚的脂肪，可以把寒冷隔在身体外面。北极熊的这些身体特点，让它多冷的天气也不怕。

丘吉尔河比附近的其他河早三个月结冰，这也是北极熊喜欢的。北极熊的脚上也有很厚的毛，这让它可以在冰面上很快地滑来滑去而不摔倒，在冰面上追赶动物很容易。北极熊也很会游泳，即使是在很冷的水中，它也可以游得很快。

北极熊的鼻子很厉害，比狗还要厉害好几倍！这使它很容易找到吃的东西。如果五六公里之内有海豹，北极熊一定能闻得出来，并且马上从冰面上滑过去，或者从冰面下游过去。不管是滑过去还是游过去，它都太快了，往往是：海豹还在冰面上美美地打着盹儿，就已经成了北极熊的食物。

寒冷的十二月，结了冰的丘吉尔河上有一些非常大的洞，深九到十米，这是熊妈妈生小熊的地方，洞里的温度比外面要高出二十多度。刚出生的熊宝宝只有半公斤多，眼睛还睁不开，身上也没有毛。三个月以后，春天来了，小熊已经长到十到十五公斤了，眼睛能睁开了，全身的毛也长出来了，腿也有劲儿了。这时候，熊妈妈才带着小熊到冰面上来活动。

练　习

一、听课文，把北极熊的特点和这些特点的用处连接起来。 7-5-3

特点	用处
身上有厚厚的毛	在冰面上滑得很快，却不会摔倒
皮肤是黑色的	保持身体的温度
有一层厚厚的脂肪	把寒冷隔在身体外面
脚上有很厚的毛	很容易找到吃的东西
鼻子比狗还要厉害	吸收更多的阳光，不怕冷

二、听课文，完成表格。7-5-3

	刚出生的熊宝宝	三个月后的熊宝宝
体重	半公斤多	十到十五公斤
身体上的毛	没有长出来	长出来了
眼睛	没有睁开	可以睁开了
腿	没有劲儿	有劲儿了
活动的地点	丘吉尔河上的冰洞里	冰面上

三、再听一遍课文，判断对错。7-5-4

（ √ ）1. 北极熊喜欢丘吉尔港长长的冬天。

（ √ ）2. 北极熊喜欢结冰时候的丘吉尔河。

（ × ）3. 北极熊在冰面上滑得很快，但不太会游泳。

（ × ）4. 北极熊能闻得出八公里以内有没有海豹。

（ √ ）5. 北极熊可能从冰面上滑过去，也可能从冰面下游过去抓住海豹。

（ √ ）6. 北极熊抓到海豹时，海豹往往没有准备。

（ × ）7. 小北极熊一般在二月出生。

（ × ）8. 小北极熊出生的洞里气温比外面低二十多度。

四、听句子，并跟读。7-5-5

1. 北极熊的毛是白色的，但它的皮肤却是黑色的。
2. 北极熊的这些身体特点，让它多冷的天气也不怕。
3. 北极熊可以在冰面上很快地滑来滑去而不摔倒。
4. 北极熊的鼻子很厉害，比狗还要厉害好几倍！
5. 海豹还在冰面上美美地打着盹儿，就已经成了北极熊的食物。

6 长臂猿的猴妈妈

导 听 7-6-2

有的孩子，因为某些原因，从小就离开了父母，跟着养父母长大。动物也可能这样。请听课文中一个猴妈妈与长臂猿宝宝的故事。

课 文 7-6-3

动物园里，一只母猴生下了一只小猴，没想到小猴一生下来就死了。工作人员想把小猴从猴妈妈身边抱走，可是猴妈妈怎么也不肯。她走到哪里都要抱着死去的小猴，并且不停地发出悲痛的叫声，让人听了心里难受。后来，工作人员好不容易把小猴抱走了，猴妈妈整天都很伤心，连东西也不想吃。好可怜的猴妈妈啊！

几天后，动物园里一只长臂猿妈妈也生下了一只小长臂猿。不过，这只长臂猿妈妈小时候是动物园的工人养大的，它根本不懂得照顾孩子。小长臂猿刚生下来，妈妈就把它往旁边一扔，好像跟自己没有关系一样，根本不理它。工作人员把小长臂猿抱到妈妈身边，妈妈不但没有任何高兴的样子，还把小长臂猿往外推，好像很讨厌这个孩子。好可怜的小长臂猿啊！

这时，工作人员想到了伤心的猴妈妈，就把小长臂猿抱到猴妈妈身边。一开始，猴妈妈只是看着小长臂猿，不抱它，也不打它。突然，小长臂猿一不小心，从树上摔了下去。就在这时，猴妈妈飞快地跳下树，把小长臂猿抱在了怀里，轻轻地拍着它，好像在说："别怕别怕！没事儿！"

从那以后，猴妈妈每天都抱着这只小长臂猿，还喂它吃东西，就好像是对待自己的孩子一样。小长臂猿也很喜欢猴妈妈，它们俩常常一起玩儿，发出愉快的叫声。

练 习

一、听课文，回答问题。7-6-3

1. 为什么猴妈妈很可怜？

它的孩子一生下来就死了。

2. 为什么小长臂猿很可怜？

它的妈妈不愿意（不懂得怎样）照顾它。

3. 后来问题是怎么解决的？

让猴妈妈来照顾小长臂猿。

二、听课文，判断对错。7-6-4

（ × ）1. 猴妈妈不知道自己的宝宝死了，走到哪里都抱着死去的小猴。

（ × ）2. 猴妈妈不停地发出悲痛的叫声，是因为工作人员把小猴抱走了。

（ √ ）3. 猴妈妈很伤心，连东西也不想吃。

（ √ ）4. 长臂猿妈妈小时候没有得到自己妈妈的照顾。

（ × ）5. 长臂猿妈妈把小长臂猿扔掉了。

（ √ ）6. 长臂猿妈妈不愿意照顾自己的小宝宝。

（ × ）7. 猴妈妈一见到小长臂猿就很开心。

（ √ ）8. 猴妈妈把小长臂猿照顾得很好。

（ √ ）9. 猴妈妈和小长臂猿互相都很喜欢对方。

（ √ ）10. 工作人员的办法是一个好办法。

三、听句子，完成填空。7-6-5

1. 她走到哪里都要抱着死去的小猴，并且不停地发出悲痛的叫声，让人听了心里难受。

2. 猴妈妈整天都很伤心，连东西也不想吃。

3. 小长臂猿刚生下来，妈妈就把它往旁边一扔，好像跟自己没有关系一样，根本不理它。
4. 工作人员把小长臂猿抱到妈妈身边，妈妈不但没有任何高兴的样子，还把小长臂猿往外推，好像很讨厌这个孩子。
5. 猴妈妈飞快地跳下树，把小长臂猿抱在了怀里，轻轻地拍着它，好像在说："别怕别怕！没事儿！"
6. 猴妈妈每天都抱着这只小长臂猿，还喂它吃东西，就好像是对待自己的孩子一样。

四、复述：分别复述一下猴妈妈和长臂猿妈妈是怎么对待小长臂猿的。

五、讨论。

1. 你觉得猴妈妈为什么要照顾小长臂猿？她知道这不是自己的孩子吗？
2. 小长臂猿知道猴妈妈其实并不是自己的妈妈吗？

加 班

8 LESSON EIGHT

1 公共汽车司机小向

导 听

8-1-2

除夕是中国人全家团圆的日子，但有些人却因为工作不能跟家人团圆。公共汽车司机小向就是其中之一。请听课文。

课 文

8-1-3

小向是一名公共汽车司机。今年的春节假期，别人都休息七天，他却只能休息一天。除夕那天，大部分人都在温暖的家里吃着团圆饭，看着中央电视台的春节晚会，跟亲友一起守岁，小向却要从下午四点工作到晚上十二点，没办法和家人一起过除夕。小向觉得很遗憾，可是也已经习惯了。

小向没有父亲，只有母亲。母亲差不多每年都从家乡来到小向工作的城市，跟儿子一起过春节。然而，小向因为要加班，从来也没有好好地跟母亲一起过过一个完整的年。但母亲从来不抱怨，她总是说：工作第一。她来到小向身边，就是为了让小向安心工作，不要想家。

除了母亲的支持，乘客们的理解也让小向工作起来很有劲。前年除夕，小向收到了一份特别的礼物。那天，一位老奶奶一上车就塞给小向一个红包，对他说："你是个好小伙子，这是奶奶专门为你准备的，你一定要收下。拿了压岁钱，新年才会顺顺利利。"打开红包，里面是一张崭新的十块钱。拿着这钱，小向感到特别温暖和幸福。他知道，他的工作是有意义的。

练　习

一、听课文，回答问题。 8-1-3

1. 大部分人在除夕夜做什么，小向除夕夜做什么？

   除夕夜，大部分人在家里吃团圆饭，看中央电视台的春节晚会，跟亲友一起守岁。小向却要加班。

2. 小向的妈妈对于儿子的工作是什么态度？

   她从来不抱怨，总是说：工作第一。/ 她很支持儿子的工作。

3. 小向对自己的工作有什么看法？

   他觉得自己的工作是有意义的。

二、听课文，选择正确的答案。 8-1-4

（ C ）1. 小向今年除夕要工作几个小时？

A. 四小时

B. 六小时

C. 八小时

D. 十二小时

（ A ）2. 小向今年春节可以休息几天？

A. 一天

B. 三天

C. 七天

D. 不知道

（ C ）3. 关于小向的妈妈，下面哪一项是正确的？

A. 她每年都让小向回家

B. 她每年都不让小向回家

C. 她每年都去陪小向过春节

D. 她每年都去陪小向加班

（ A ）4. 小向前年除夕加班时发生了一件什么事？

A. 一位乘客给他十块钱压岁钱

B. 一位乘客上车时多给了他十块钱

C. 他奶奶给他十块钱压岁钱，希望他新年顺利

D. 一位老奶奶向他要压岁钱

（ B ）5. 老奶奶为什么给小向压岁钱？

A. 她觉得小向不能回家过年，很可怜

B. 她希望小向新年顺利

C. 她专门为小向准备了压岁钱

D. 她觉得小向工作起来很有劲，很好

（ D ）6. 拿到老奶奶给的压岁钱，小向为什么感到温暖和幸福？

A. 他发现老奶奶很喜欢他

B. 老奶奶让他想到了自己的奶奶

C. 他得到了一件新年礼物

D. 这表示乘客理解他的工作

三、听句子，完成填空。8-1-5

1. 没办法和家人一起过除夕，小向觉得很遗憾，可是<u>也已经习惯了</u>。
2. 小向因为要加班，从来也没有好好地跟母亲一起<u>过过一个完整的年</u>。
3. 母亲<u>从来不抱怨</u>，她总是说：工作第一。
4. 除了母亲的支持，乘客们的理解也让小向<u>工作起来很有劲</u>。
5. 这是奶奶专门为你准备的，你<u>一定要收下</u>。

2 护士小潘

导 听

8-2-2

小潘是医院急诊科的护士。对她来说，加班是家常便饭，她基本上没有真正的假期和休息日。请听课文。

课 文

8-2-3

小潘是一名护士，在市人民医院急诊科工作。她的生活中基本上没有假期和休息日。你看，这个国庆节，光 10 月 1 日那天，从早上八点到下午五点，医院的“120”急救车就出去了 29 次，每一次都需要小潘和同事们马上开始急救工作。下午五点半，小潘正准备下班，又接到一个电话。小潘和同事们立刻出去急救，然后把病人带回医院。因为这个病人，小潘一直工作到晚上七点多才下班。

小潘从来不因为家里的事情影响工作。即使孩子病了，她也不会向医院请假，而是自己想办法克服困难。小潘从护士学校毕业后就来医院工作，到现在已经 12 年了。中间她只回过一次家乡。按规定，小潘和同事们每周可以休息一天半，但事实上，每个休息日他们都得加班，更不可能休长假。这几年，小潘和她的很多同事都积累了不少假期，就是没机会用。他们把时间都给了急救病人。

小潘说，成功地救活病人是她工作中最大的快乐。

练习

一、听课文，注意数字和时间，完成填空。8-2-3

你看，这个国庆节，光10月1日那天，从早上八点到下午五点，医院的“120”急救车就出去了29次，每一次都需要小潘和同事们马上开始急救工作。下午五点半，小潘正准备下班，又接到一个电话。小潘和同事们立刻出去急救，然后把病人带回医院。因为这个病人，小潘一直工作到晚上七点多才下班。

二、听课文，判断对错。8-2-4

(×) 1. 10月1日，因为有急救病人，小潘回家后又来医院加班。
(×) 2. 小潘只有在孩子生病的时候，才会请假。
(×) 3. 小潘毕业至今已经12年了，每年只回家一次。
(√) 4. 小潘和同事有很多假期，但是他们没时间休息。
(×) 5. 小潘的时间都给了重病的病人。
(√) 6. 小潘工作最大的快乐是把病人救活。

三、听写句子。8-2-5

1. 事实上，每个休息日他们都得加班，更不可能休长假。
2. 他们把时间都给了急救病人。
3. 成功地救活病人是她工作中最大的快乐。

四、讨论。

1. 如果你是小潘，这样长时间没有休息日，你会不会受不了？为什么？
2. 如果你的孩子生病需要你在家陪着，你的工作又比较紧张，你会选择请假陪孩子还是让孩子自己一个人在家里？为什么？
3. 如果你是小潘的家人，你会支持她的工作还是希望她换一个工作？为什么？

3 环卫工人罗阿姨

导 听 8-3-2

罗阿姨是一名环卫工人，她的工作又累又辛苦，还往往让人看不起。请听课文。

课 文 8-3-3

罗阿姨是一名环卫工人，她负责市中心两条马路的卫生工作，每天都要连续工作六七个小时。国庆节黄金周，她要加3天班。对她来说，别人休息，她加班，这是再平常不过的事情了。除了地面，街上的十几个垃圾桶也是她负责。节日期间，街上的垃圾比平时多出好几倍，工作量自然也是平时的好几倍，累得她满头都是汗。累一点儿倒不怕，罗阿姨最希望能得到人们的理解。有些人看到街上不干净，就说环卫工人工作不认真，看到街上干净，又说环卫工人工作轻松，没有什么事情做。还有一些人随地吐痰，乱扔垃圾，一点儿也不尊重环卫工人的劳动。他们不知道，环卫工人每天很早就开始工作。比如罗阿姨，从今天早上5点开始就没有休息过，一直在扫大街，垃圾车装满了，就要马上推到附近的垃圾站去。别看那么一小车的垃圾，一般人根本拉不动。而罗阿姨每天都要来回拉四五次。

虽然环卫工人的工作又脏又累，又让人看不起，但罗阿姨还是很努力，每次需要加班她都会去，因为她儿子去年考上了大学，她希望通过加班多挣一点儿钱，给在外地上学的儿子用。

练　习

一、听课文，判断对错。8-3-4

(×) 1. 罗阿姨每天负责郊区两条马路的卫生工作。

(√) 2. 对罗阿姨来说，加班是很平常的事情。

(×) 3. 节日期间，罗阿姨的工作比平时轻松一些。

(√) 4. 罗阿姨不怕累，只怕人们不理解她的工作。

(×) 5. 罗阿姨的工作又脏又累，又让人看不起，所以她不想做了。

(×) 6. 罗阿姨的儿子明年要考大学，她想多挣点儿钱，给儿子上学用。

二、听句子，完成填空。8-3-5

1. 别人休息，她加班，这是再平常不过的事情了。
2. 有些人看到街上不干净，就说环卫工人工作不认真，看到街上干净，又说环卫工人工作轻松，没有什么事情做。还有一些人随地吐痰，乱扔垃圾，一点儿也不尊重环卫工人的劳动。
3. 她从今天早上5点开始就没有休息过，一直在扫大街，垃圾车装满了，就要马上推到附近的垃圾站去。

三、听句子，并跟读。8-3-6

1. 累一点儿倒不怕，罗阿姨最希望能得到人们的理解。
2. 房间小一点儿倒不怕，最重要的是要干净。
3. 别看那么一小车的垃圾，一般人根本拉不动。
4. 别看他年纪小，功夫可厉害呢。

四、复述：假设你是罗阿姨的儿子，请你分别讲一下罗阿姨平时和节假日的工作情况。

4 白领小孙

导 听

8-4-2

年轻的小孙在一家外企工作，工作压力非常大，为了做好它，小孙天天加班，累得不得了。时间长了，小孙的身体受不了了。请听课文。

课 文

8-4-3

小孙今年只有31岁。她大学一毕业就到了一家外企工作，两年后就成为了客户服务部经理，年薪超过20万，很多人都很羡慕她。只有小孙明白自己的压力有多大：她每天醒来的第一件事情，不是穿衣服，而是看前一天夜里记的备忘；睡觉前的最后一件事情，就是做好第二天的工作计划。早上她第一个到公司，晚上她最后一个下班。最忙的时候，要到半夜两三点才能回到家。尽管她每天都回家，却很少见到家里人，就像太阳和月亮，很难有同时出现的时候。到了周末，还有各种各样的报告等着她，也没有时间休息。小孙有时也觉得自己快要受不了了，可是为了工作，她还是拼命坚持着。

三年前的一个早上，小孙起床后就觉得头疼，眼睛看不清东西。过了几天，情况越来越糟，她只好上医院检查。医生检查了半天，也找不到具体的原因，只好让她多注意休息。过了一段时间，小孙的身体更差了，不要说爬楼梯，只要走上十几步路就会出汗，有时连说话都没有力气。家人给小孙找了好几个老中医，开了不少药，也没什么效果。对小孙来说，未来似乎没有什么希望了。现在小孙还在家休息，她说，如果能够回到从前，她一定不会这么拼命地工作。

练　习

一、听课文，选择正确的答案。8-4-4

（ D ）1. 关于小孙，下面哪一个不正确？

A. 她今年 31 岁

B. 她毕业后在一家外企工作

C. 她是客户服务部经理

D. 她年薪 20 万

（ D ）2. 小孙的压力很大，下面哪一个不能说明这一点？

A. 她每天的工作多得不得了

B. 她忙的时候要加班到深夜

C. 她周末还要写报告

D. 很多人都很羡慕她

（ B ）3. 小孙每天要做很多事，下面哪一件课文中没有提到？

A. 早上醒来后看前一天夜里写的备忘

B. 下班前决定这一天的加班内容

C. 睡觉前做好第二天的工作计划

D. 每天都回家

（ C ）4. 关于小孙现在的情况，下面哪一个课文中没有提到？

A. 她在家里休息

B. 她很后悔以前工作时太拼命了

C. 她决定要换一个轻松一点儿的工作

D. 她对未来没有信心

二、听课文，回答问题。8-4-3

1. 三年前的一个早上，小孙的身体怎么了？

她起床后就觉得头疼，眼睛看不清东西。

2. 小孙去看了医生，医生怎么说？

医生也找不到具体的原因，只好让她多注意休息。

3. 过了一段时间，小孙的身体有什么变化？有哪些具体的表现？

过了一段时间，她的身体更差了。不要说爬楼梯，只要走上十几步路就会出汗，有时连说话都没有力气。

4. 对于以前的工作，小孙现在是怎么想的？

如果能够回到从前，她一定不会这么拼命地工作。

三、听句子，并跟读。8-4-5

1. 小孙的身体更差了，不要说爬楼梯，只要走上十几步路就会出汗，有时连说话都没有力气。
2. 早上时间紧张，不要说坐下来好好吃一顿早饭，就是匆匆忙忙喝一杯牛奶也没有时间。
3. 我的英语太差了，不要说考到80分以上，只要考到60分以上，我就很满足了。
4. 如果能够回到从前，她一定不会这么拼命地工作。
5. 如果能够回到从前，我一定不会选择学习这个专业。
6. 如果能够回到从前，我一定会抓住那次机会。

四、讨论。

1. 年薪高但压力特别大的工作，和年薪一般但比较轻松的工作，你选择哪一种？为什么？
2. 你选择工作时，会不会考虑实际的工作时间（比如是否需要加班，是否需要出差）？为什么？

5 快乐加班的小白

导 听

8-5-2

小白在大学里很爱玩儿，工作后却常常需要加班，快乐也离她越来越远。有一天，她决定把加班变成一件快乐的事。请听课文。

课 文

8-5-3

小白在大学里特别会玩儿、会享受。毕业后，她很幸运地进了一家外企。收入不错，不过常常要加班，属于自己的时间一下子少了许多。紧张的工作让小白很不适应，她每天都感到特别累，也不像以前那么快乐了。有一天，一个大学同学遇到她，很惊讶地说："怎么你一下子老了这么多？你看，皱纹都长出来了！"小白听了很难过，觉得自己很失败。经过认真的考虑，她决定改变自己工作时的心情和工作习惯，要把加班变成一件快乐的事情。

小白决定从美容开始改变自己。她去办了一张美容卡，每星期做一次皮肤美容，另外还买了一套高级化妆品。这些东西花掉了她一个月的加班费，但她觉得挺值。虽然跟以前一样，经常要加班到晚上九十点，但她的皮肤却比以前好多了。

小白在办公室养了几盆花。每天晚上加班前，她会先去瞧瞧那些花，闻闻花香，然后再回到桌子前，喝一杯浓浓的咖啡，这才开始认真地工作。加班时，小白也不给自己太大的压力，主要是把白天来不及做的工作做完，或者准备准备第二天的工作，或者读读跟工作有关的书。

工作完回到家，小白要让自己完完全全地放松。她会好好洗个澡，听听轻松的音乐，然后舒舒服服地喝一杯牛奶，美美地睡一觉。第二天，小白又精精神神地去上班了。

现在，小白的心情比以前好多了，工作效率也比以前高多了。

练 习

一、听课文，选择正确的答案。8-5-4

（ D ）1. 小白在大学里怎么样？

A. 学习很紧张

B. 自己的时间很少

C. 不会玩儿，不会享受

D. 很会玩儿，很会享受

（ B ）2. 小白工作后怎么样？

A. 收入不高

B. 常常加班

C. 有许多自己的时间

D. 慢慢适应了工作

（ A ）3. 一个大学同学遇到小白，认为小白怎么样？

A. 老了很多

B. 皱纹少了

C. 很失败

D. 很快乐

（ C ）4. 下面哪一个不是小白的决定？

A. 改变工作时的心情

B. 改变工作习惯

C. 改变工作地点

D. 把加班变成快乐的事

二、听课文，回答问题。8-5-3

1. 小白决定从什么开始改变自己？

   美容。

2. 小白花了一个月的加班费做什么？

   办美容卡和买高级化妆品。

3. 花了这些钱以后，小白有什么变化？

   她的皮肤比以前好多了。

4. 每天加班前，小白要做什么？

   她会去看看花，闻闻花香，再喝杯咖啡。

5. 加班时，小白主要做什么？

   把白天来不及做的工作做完，或者准备第二天的工作，或者读跟工作有关的书。

6. 工作完回到家，小白做什么？

   她会洗澡，听音乐，喝杯牛奶，好好睡一觉。

7. 现在的小白有什么变化？

   她的心情比以前好多了，工作效率也比以前高多了。

三、听下面的话，完成填空。8-5-5

小白在办公室养了几盆花。每天晚上加班前，她会先去瞧瞧那些花，闻闻花香，然后再回到桌子前，喝一杯浓浓的咖啡，这才开始认真地工作。加班时，小白也不给自己太大的压力，主要是把白天来不及做的工作做完，或者准备准备第二天的工作，或者读读跟工作有关的书。

工作完回到家，小白要让自己完完全全地放松。她会好好洗个澡，听听轻松的音乐，然后舒舒服服地喝一杯牛奶，美美地睡一觉。第二天，小白又精精神神地去上班了。

四、复述：假设你是课文中的小白，请复述一遍你的生活。

6 不再加班的小林

导 听

8-6-1

小林以前常常要加班才能完成工作，从去年开始，他突然不加班了，但工作却全都做完了，甚至比以前做得更好。这是为什么呢？他是怎么做到的呢？请听课文。

课 文

8-6-2

我的同事小林，家在外地，也没有女朋友，下班后没什么事情，所以他从来不急着下班，也就从来不急着做事。上班时间，他会上上网，翻翻杂志，抽抽烟，聊聊天。下班时如果工作没做完就加班，加到几点都没关系。他差不多每天都是最晚离开办公室的。他开玩笑说，他这是“以办公室为家”！

可是，从今年2月开始，他交了一个美丽可爱的女朋友。下班以后的时间要用来约会了。小林一下子像变了一个人一样。上班时间的小林，不要说抽烟、聊天，就是跟你多说一句话的工夫也没有。他总是在认真地做事、查资料，读跟工作有关的书和杂志。他下定决心：要充分利用上班时间，能不加班就不加班。每天开始工作前，他都要提醒自己：晚上六点一定要准时下班！然后他会做这一天的工作计划，接着就严格地照计划去做。不知道是因为用了这个方法，还是因为有了爱情，现在小林很少加班，工作却完成得越来越漂亮，领导也越来越喜欢他了。

自从不加班以来，小林的生活比以前有意思多了。除了甜蜜的两人世界，他还有多余的时间跟好朋友一起去锻炼身体，甚至有空还能翻翻小说。最让他高兴的是，到了周末，他可以睡到自然醒！

练　习

一、听课文，完成表格。（把字母填入表格）8-6-2

A. 有女朋友　B. 跟朋友锻炼身体　C. 周末睡到自然醒　D. 上班时聊天

E. 常常约会　F. 没女朋友　G. 上班时上网　H. 上班时认真工作

I. 不急不忙地工作　J. 有时间看小说　K. 上班时抽烟

小林经常加班时	D F G I K
小林不再加班时	A B C E H J

二、听课文，回答问题。8-6-2

1. 以前小林为什么经常加班？

   他的家在外地，也没有女朋友，下班后没什么事情，所以不急着下班。

2. 后来小林为什么不加班了？

   因为他有了女朋友，下班以后的时间要用来约会。

3. 小林用什么方法来保证自己在下班前把事情都做完？

   每天开始工作前，他都要提醒自己：晚上六点一定要准时下班！然后他会做这一天的工作计划，接着就严格地照计划去做。

4. 小林很少加班后，工作有没有受到影响？

   没有。他的工作完成得越来越漂亮，领导也越来越喜欢他了。

三、听句子，并跟读。8-6-3

1. 他从来不急着下班，也就从来不急着做事。
2. 上班时间，他会上上网，翻翻杂志，抽抽烟，聊聊天。
3. 他开玩笑说，他这是“以办公室为家”。

4. 上班时间的小林，不要说抽烟、聊天，就是跟你多说一句话的工夫也没有。

5. 他下定决心：要充分利用上班时间，能不加班就不加班。

四、复述：再听一遍课文，假设你是小林的女朋友，讲一讲小林的故事。

关于本教材涉及的有关著作权说明

为了尽可能保证语言的自然和真实性，本教材的课文（包括正课文和相关阅读）都是在真实文本的基础上改写而成的。

由于时间、地域等多方面的原因，我们在没有与权利人取得联系的情况下就使用并改写了有关作者的作品。对外汉语教学或者说汉语的国际推广是中华民族的一项事业，我们希望能得到您的理解和支持。由于教学的需要，我们对您作品的改动很可能使您的作品失去了不少原有的光彩，希望您能谅解。另外，有些作品由于不清楚作者的信息，所以没有署上作者的名字，也请您谅解。

为了尊重原作者的著作权，在此特委托北京版权代理有限责任公司向权利人转付稿酬。请您与北京版权代理有限责任公司联系并领取稿酬。领取稿酬时请提供相关资料：① 本人身份证明，② 作者身份证明。

联系方式如下：

北京版权代理有限责任公司

地　址：北京市海淀区知春路 23 号 量子银座 1403 室

电　话：010－82357056/7/8－229/230

传　真：010－82357055

联系人：吴文波　方芳

编　者

拾级汉语

综合

拾级汉语（第01级）	起步课本	ISBN 978-7-5619-1713-8	28.00	另售CD(2)
拾级汉语（第01级）	综合课本	ISBN 978-7-5619-1740-4	42.00	另售CD(2)
拾级汉语（第02级）	综合课本	ISBN 978-7-5619-1939-2	49.00	另售CD(2)
拾级汉语（第03级）	综合课本	ISBN 978-7-5619-2356-6	39.00	另售CD(2)
拾级汉语（第04级）	综合课本	ISBN 978-7-5619-2368-9	56.00	另售CD(2)

听说

拾级汉语（第01-02级）	听说课本	即将出版		
拾级汉语（第03-04级）	听力课本	即将出版		
拾级汉语（第05级）	听力课本	ISBN 978-7-5619-3446-3	62.00	随书MP3(1)
拾级汉语（第06级）	听力课本	ISBN 978-7-5619-0847-1	69.00	随书MP3(1)
拾级汉语（第07级）	听力课本	ISBN 978-7-5619-3342-8	69.00	随书MP3(1)
拾级汉语（第08级）	听力课本	ISBN 978-7-5619-3341-1	72.00	随书MP3(1)
拾级汉语（第03-04级）	口语课本	即将出版		
拾级汉语（第05级）	口语课本	ISBN 978-7-5619-3299-5	43.00	随书MP3(1)
拾级汉语（第06级）	口语课本	ISBN 978-7-5619-3300-8	43.00	随书MP3(1)
拾级汉语（第07级）	口语课本	ISBN 978-9-5619-3391-6	45.00	随书MP3(1)
拾级汉语（第08级）	口语课本	ISBN 978-9-5619-3417-3	45.00	随书MP3(1)
拾级汉语（第09级）	社会焦点	ISBN 978-7-5619-1982-8	24.00	另售CD(2)
拾级汉语（第10级）	社会焦点	ISBN 978-7-5619-2308-5	30.00	另售CD(2)
拾级汉语（第09级）	新闻听力	ISBN 978-7-5619-1690-2	26.00	另售磁带(2)/CD(2)
拾级汉语（第10级）	新闻听力	ISBN 978-7-5619-1786-2	26.00	另售CD(2)

读

拾级汉语（第05级）	精读课本	ISBN 978-7-5619-1900-2	32.00	另售CD(2)
拾级汉语（第06级）	精读课本	ISBN 978-7-5619-1901-9	32.00	另售CD(2)
拾级汉语（第07级）	精读课本	ISBN 978-7-5619-1918-7	32.00	另售CD(2)
拾级汉语（第08级）	精读课本	ISBN 978-7-5619-1928-6-01	38.00	随书MP3(1)
拾级汉语（第09级）	精读课本	ISBN 978-7-5619-3253-7	52.00	随书MP3(1)
拾级汉语（第10级）	精读课本	ISBN 978-7-5619-3275-9	59.00	随书MP3(1)
拾级汉语（第03-04级）	泛读课本	即将出版		
拾级汉语（第05级）	泛读课本	ISBN 978-7-5619-2292-7	35.00	
拾级汉语（第06级）	泛读课本	ISBN 978-7-5619-2271-2	35.00	
拾级汉语（第07级）	泛读课本	ISBN 978-7-5619-2272-9	35.00	
拾级汉语（第08级）	泛读课本	ISBN 978-7-5619-2294-1	35.00	

写

拾级汉语（第01级）	写字课本（附汉字练习本）	ISBN 978-7-5619-2142-5	38.00
拾级汉语（第02级）	写字课本（附汉字练习本）	ISBN 978-7-5619-3415-9	49.00
拾级汉语（第03级）	写作课本（附写作练习本）	ISBN 978-7-5619-2519-5	28.00
拾级汉语（第04级）	写作课本（附写作练习本）	ISBN 978-7-5619-2844-8	32.00
拾级汉语（第05级）	写作课本（附写作练习本）	ISBN 978-7-5619-2972-8	32.00
拾级汉语（第06级）	写作课本（附写作练习本）	ISBN 978-7-5619-3099-1	33.00
拾级汉语（第07级）	写作课本（附写作练习本）	ISBN 978-7-5619-3037-3	35.00
拾级汉语（第08级）	写作课本（附写作练习本）	ISBN 978-7-5619-3042-7	35.00